Rubem Alves

DO UNIVERSO À JABUTICABA

4ª edição

PAIDÓS

Revisão: Tulio Kawata e Wélida Muniz
Projeto gráfico e diagramação: Negrito Produção Editorial
Capa: Filipa Damião Pinto (@filipa_) | Estúdio Foresti Design
Ilustração de capa: John Wright. *The Fruit Grower's Guide* (1891)/Rawpixel
Ilustrações de miolo: Elivelton Reichert

Dados Internacionais de Catalogação na Publicação (CIP)
Angélica Ilacqua CRB-8/7057

Alves, Rubem
Do universo à jabuticaba / Rubem Alves. – 4. ed. - São Paulo : Planeta do Brasil, 2025.
272 p.

ISBN 978-85-422-3697-2

1. Crônicas brasileiras I. Título

25-2451 CDD B869.3

Índice para catálogo sistemático:
1. Crônicas brasileiras

MISTO
Papel | Apoiando o manejo florestal responsável
FSC® C005648
FSC www.fsc.org

Ao escolher este livro, você está apoiando o manejo responsável das florestas do mundo e outras fontes controladas

2025
Todos os direitos desta edição reservados à
Editora Planeta do Brasil Ltda.
Rua Bela Cintra, 986, 4º andar – Consolação
São Paulo-SP – CEP 01415-002
www.planetadelivros.com.br
faleconosco@editoraplaneta.com.br

Para Samuel Lago e Laura,
companheiros de brinquedo
e conspiradores...

SUMÁRIO

"QUEREMOS MENTIRAS NOVAS"
(Pichação num muro da Universidade de Coimbra)

"Digo-lhes: é preciso ter caos dentro de vocês mesmos
a fim de dar à luz uma estrela dançante."
(Friedrich Nietzsche)

"A vida é uma grande feira e tudo são barracas e saltimbancos."
(Fernando Pessoa)

VIDA E MORTE

MINHA VIDA...

... se divide em três fases. Na primeira, meu mundo era do tamanho do universo e era habitado por deuses, verdades e absolutos. Na segunda fase, meu mundo encolheu, ficou mais modesto e passou a ser habitado por heróis revolucionários que portavam armas e cantavam canções de transformar o mundo. Na terceira fase, mortos os deuses, mortos os heróis, mortas as verdades e os absolutos, meu mundo se encolheu ainda mais e chegou não à sua verdade final, mas à sua beleza final: ficou belo e efêmero como uma jabuticabeira florida.

ADÉLIA PRADO

"Saberemos viver uma vida melhor que esta, quando mesmo chorando é tão bom estarmos juntos? Depois da morte eu quero o que seu vácuo abrupto fixou na minha alma. Quando eu ressuscitar, o que eu quero é a vida repetida sem o perigo da morte, os riscos todos, a garantia: à noite estaremos juntos..."

COISINHAS DE MÁRIO QUINTANA

"A morte deveria ser assim: um céu que pouco a pouco anoitecesse e a gente nem soubesse que era o fim..."

Seu Glicínio, porteiro, acredita que rato, depois de velho, vira morcego. É uma crença que ele traz da sua infância. Não o desiludas com teu vão saber, respeita-lhe os queridos enganos. Nunca se deve tirar o brinquedo de uma criança, tenha ela oito ou oitenta anos!

Sempre fui metafísico. Só penso na morte, em Deus e em como passar uma velhice confortável.

Há ruídos que não se ouvem mais; o grito desgarrado de uma locomotiva na madrugada; os apitos dos guardas-noturnos; os barbeiros que faziam cantar o ar com suas tesouras; a matraca do vendedor de cartuchos; a gaitinha do afiador de facas. Todos esses ruídos que apenas rompiam o silêncio. E hoje o que mais se precisa é de silêncios que interrompam o ruído...

CAQUIZEIRO

Um caquizeiro foi plantado na Fazenda Santa Elisa ao lado de dois gigantescos pés de lixia que há mais de cinquenta anos vivem no final de um gramado imenso. De longe, as lixias se parecem com mangueiras pelo arredondado de suas copas densas, mas são maiores. As folhas vão até o chão, deixando no seu interior um vazio onde gosto de ficar em silêncio. É o meu lugar sagrado, a minha catedral. Ao lado das duas árvores gigantes está um pé de seriguela que na estação própria se enche de frutos vermelhos. Andando-se alguns passos para a direita, a gente topa com um pé de jatobá. O caquizeiro vai crescer em boa companhia, aprendendo da tranquilidade e bondade das árvores já velhas que serão suas mestras. Depois que sobre Nagasaki foi lançada a segunda bomba atômica matando duzentas mil pessoas, o que ficou foi ruína e morte. Morreram os seres humanos, morreram os animais, morreram as plantas. Foi então que uma coisa extraordinária aconteceu: passado o tempo, uma árvore que o fogo havia queimado e todos julgavam morta começou a brotar. Era um caquizeiro. Os japoneses se assombraram com aquele milagre: uma árvore mansa que foi mais forte que a bomba! E tomaram a ressurreição da árvore do caqui como um símbolo da teimosia da vida. Começaram então a colher as sementes lisas dos frutos daquela árvore e a plantá-las. Quando as plantinhas nasciam e cresciam um pouco, eles as enviavam como presentes de paz a todas as partes do mundo. Para que ninguém se esquecesse... Para que ninguém perdesse as esperanças... Quando as pessoas forem visitá-la, alguém lhes contará a sua estória. Certamente que os seus frutos, os caquis vermelhos, serão comidos. Não como uma fruta vermelha, mas como um sacramento. A mudinha está dormindo. Nem uma única folha. Mas os brotos estão estufando a casca, como pintinhos dentro de um ovo. Chegando a primavera, a mudinha acordará para o mundo.

HAICAI

Yukio Mishima, escritor japonês duas vezes indicado ao Prêmio Nobel de Literatura, no dia 26 de novembro de 1970 pôs fim à própria vida cometendo *seppuku*. O *seppuku* é um suicídio ritual ligado à tradição dos guerreiros samurai.

No seu livro *Xógum*, James Clavell descreve as regras que o regem. O guerreiro se veste com vestes sagradas, assenta-se com pernas cruzadas e, com um punhal, abre vagarosamente o seu ventre de lado a lado. Nesse momento, ele se curva para a frente e o seu melhor amigo põe fim à dor com um golpe de espada que separa cabeça do corpo.

Clavell conta que parte do ritual era o guerreiro escrever um haicai, o seu último haicai. Um haicai é um minúsculo poema que pinta a epifania de um instante. Miniatura. Veja esse levíssimo haicai de Bashō: "Essas pimentas; acrescentai-lhes asas e serão libélulas...". Quem lê esse haicai alegre nunca mais verá as pimentas na pimenteira da forma como via. Esperará que elas se transformem em libélulas.

Leminski se deu conta de que o tamanho de um haicai é enganoso. Haicais são miniaturas de peso insuportável... De fato, menores não podem ser. Três versos. No japonês, o primeiro tem cinco sílabas. O segundo tem sete. E o terceiro tem cinco. Tudo o que é para ser dito tem de ser dito com dezessete sílabas somente.

Poucas sílabas para dizer a essência de uma vida. Têm de ser palavras essenciais. Aquele que vai morrer deve escolhê-las depois de profunda meditação. É preciso separá-las das 10 mil palavras que nos distraem. Porque essas poucas palavras serão o que restou, a mínima presença de peso insuportável daquele que se foi. Camus relata a tragédia de um moribundo que, na hora de dizer suas últimas palavras, se deu conta de que as havia esquecido.

PSICANÁLISE

Conversa na recepção: Conversa vai, conversa vem, digo que sou psicanalista. A moça entra em pânico, temerosa de que eu tivesse poderes para ver a sua alma. "Eu já fiz terapia", ela disse. "Mas agora estou resolvida." Pergunto: "Quando se deu o óbito?". Ela me olha sem entender. Óbito? Explico: as únicas pessoas resolvidas que conheço estão no cemitério.

BILHÕES DE ANOS

Onde estive eu, durante esse tempo imenso, bilhões de anos, que vão do Big Bang até o meu nascimento? Os religiosos vão dizer que estive no céu, alma desencarnada, à espera do meu nascimento. Eles não entenderam a minha pergunta. Quando digo "eu" estou me referindo a uma memória que esse bolso chamado "eu" guarda dentro de si. O fato é que, desses bilhões de anos, não tenho a menor memória. Se tivesse, eu teria memória também da enorme espera – eu, esperando durante bilhões de anos... Mas não. Para mim, o mundo foi criado quando eu nasci. O Big Bang aconteceu para mim quando minha mãe me pariu. Foi grande a demora? Custou-me esperar bilhões de anos? Não. Foi menos que um segundo. E agora, que a morte se aproxima, sei que vou voltar para o lugar onde estive. De novo, a espera vai ser grande? Não. Não esperarei mais que um segundo... Como disse o poeta ao Menino Jesus: "Até que nasça qualquer dia que tu sabes qual é...".

INJEÇÃO

Observei o cuidado com que a enfermeira preparava a injeção de Citoneurin que iria me aplicar, dolorida como brasa. O algodão embebido em álcool desinfetava minha pele para que não houvesse perigo de infecção. Esses cuidados são norma médica obrigatória. Enquanto a brasa entrava no meu músculo eu pensava se os médicos ou enfermeiros nas penitenciárias, encarregados de aplicar a injeção letal nos condenados à morte – eu pensava se eles desinfetavam o local onde a agulha ia entrar na pele do condenado... O que é que Kant teria a dizer? Ele diria que a pele do condenado deveria ser desinfetada para que ele não morresse de infecção...

DIREITO DE VIVER

Albert Schweitzer conta que foi numa noite – ele e remadores navegavam pelo rio para chegar a uma outra aldeia –, seu pensamento não parava, e ele se perguntava: "Qual é o princípio ético fundamental?". De repente, como um relâmpago, apareceu na sua cabeça a expressão: reverência pela vida. Tudo o que é vivo deseja viver. Tudo o que é vivo tem o direito de viver. Nenhum sofrimento pode ser imposto sobre as coisas vivas, para satisfazer o desejo dos homens.

EU

Ao fim de uma entrevista, a entrevistadora me pediu: "Rubem Alves em uma frase...". O pensamento voou até que parou num verso de Robert Frost que seria o seu epitáfio: "Ele teve um caso de amor com a vida...".

Nos quarenta anos em que peregrinou pelo deserto, o povo de Israel, segundo conta a estória, foi alimentado por um alimento que caía dos céus durante a noite. As pessoas tinham permissão para colher desse alimento, o maná, na medida de suas necessidades. Só para o dia. Alguns, com medo de que o maná não caísse no dia seguinte, colheram em dobro, por via das dúvidas... Mas, quando foram comer o maná poupado, viram que ele estava apodrecido, cheio de bichos. Talvez isso queira dizer que a vida há de ser colhida diariamente. Quem deseja economizar o hoje para o amanhã fica com a vida apodrecida nas mãos.

Meus sonhos? Sonho em ter tempo para curtir as montanhas e cachoeiras das Minas Gerais. Sonho em ter tempo para vagabundear. Sonho em ter tempo para brincar com minhas netas. Sonho em escrever uns livros que estão na minha cabeça e que não consigo escrever por falta de tempo.

O que tenho sentido? Beleza. Nostalgia. Tristeza. Cansaço. Urgência. A curteza do tempo. Um enorme desejo de passar uns tempos num mosteiro, longe de cartas, telefones, micros, viagens, e-mails, curtindo a solidão e a ausência de obrigações.

Quanto maior a beleza, maior também a tristeza. A beleza em solidão é sempre triste. Beleza solitária dá vontade de chorar. Para ser boa, a beleza exige, pelo menos, dois pares de olhos tranquilos se olhando, dois pares de mãos amigas brincando, e bocas de voz mansa sussurrando.

Cada momento de alegria, cada instante efêmero de beleza, cada minuto de amor, são razões suficientes para uma vida inteira. A beleza de um único momento vale a pena de todos os sofrimentos.

A alma é uma cigarra. Há na vida um momento em que uma voz nos diz que chegou a hora de uma grande metamorfose; é preciso abandonar o que sempre fomos para nos tornarmos outra coisa: "Cigarra! Morre e transforma-te! Saia da escuridão da terra. Voa pelo espaço vazio!".

"A cobra que não consegue livrar-se de sua casca morre. O mesmo acontece com os espíritos que são impedidos de mudar as suas opiniões; eles deixam de ser espírito." (Nietzsche)

Se eu morrer agora não terei do que me queixar. A vida foi muito generosa comigo. Plantei muitas árvores, tive três filhos, escrevi livros, tenho amigos. Claro, sentirei muita tristeza, porque a vida é bela, a despeito de todas as suas lutas e desencantos. Quero viver mais, quero terminar a minha sonata. Mas, se por acaso ela ficar inacabada, outros poderão arrumar o seu fim. Assim aconteceu com a *Arte da Fuga,* de Bach (1685-1750). O tema eram as notas do seu próprio nome, BACH, si bemol, lá, dó, si natural. Na última página do manuscrito, letra de Carl Philip Emanuel, filho de Bach, está escrito: "NB: No curso dessa fuga, no ponto em que o nome B.A.C.H. foi introduzido como contratema, o compositor morreu". Bach morreu, mas a obra já estava claramente estruturada. Foi possível a um outro terminá-la. Se o mesmo acontecer comigo, não terei do que me queixar. Mas fica a pergunta: e aqueles que não tiveram tempo para escrever o seu nome?

Já me fiz essa pergunta várias vezes, pensando nos meus filhos. Eu também queria que eles levassem as suas sonatas até o fim, mesmo que eu não estivesse aqui para ouvi-las. Mas não se pode ter certezas. A possibilidade terrível sempre pode acontecer. E se ela acontece vem o sentimento terrível de que tudo foi inútil.

O que tenho ouvido: César Franck, Mozart, Bach, Beethoven, Chopin, Schumann. Cantigas de roda. *A Arca de Noé*. "A valsinha." Poemas de Fernando Pessoa lidos-recitados no delicioso sotaque português.

Ouvir música é encontrar-me com a beleza que existe dentro de mim. Se Narciso, em vez de se deixar fascinar pela beleza visual se tivesse deixado fascinar pela beleza musical, acho que não teria tido o fim trágico que teve.

O que tenho pensado? Penso tanta coisa que não é possível dizer o que tenho pensado. Penso que o tempo está passando. Penso que o mundo está cheio de beleza. Penso que não quero morrer. Penso que quero morrer. Penso que, se Deus tivesse pedido meus conselhos, o mundo seria melhor.

O que tenho lido: Manoel de Barros, Fernando Pessoa, Mia Couto, o livro do Eclesiastes, o mais sábio, o livro do Cântico dos Cânticos, o mais erótico, Unamuno, Nietzsche, os manuscritos que estou escrevendo, centenas de cartas e e-mails.

Minha alma é um quarto onde os objetos mais estranhos estão colocados sem ordem, sem nenhuma intenção de fazer sentido.

Dizem que 99% da população brasileira acredita em Deus. Eu acrescento: 100% da população dos infernos também acredita em Deus. Acho que Deus morre de rir quando lê pesquisas desse tipo. Ri dos sociólogos tolos que fazem questionários tolos, e dos tolos que dão respostas tolas a perguntas tolas. Deus é um grande silêncio.

DOR E ESPERANÇA

Temos uma capacidade quase infinita de suportar a dor, desde que haja esperança. Diz-se que a esperança é a última que morre. Mas o certo seria dizer: a penúltima. Há uma morte que acontece antes da morte. Quando se conclui que não há mais razões para viver. Quando morrem as razões para viver, entram em cena as razões para morrer.

MILAGRE DA VIDA

Não haverá parto se a semente não for plantada muito tempo antes... Não haverá borboletas se a vida não passar.

Toda vida é sagrada, porque tudo o que vive participa de Deus. E se até mesmo o mais insignificante grilo, no seu *cricri* rítmico, é um pulsar da divindade, não teríamos nós, com muito mais razão, de ter respeito igual pelos nossos inimigos?

"Amarás a mais insignificante das criaturas como a ti mesmo. Quem não fizer isto jamais verá Deus face a face."

Reverência pela vida: tudo o que vive é expressão de uma harmonia universal, revelação da divindade, gotas de água de um mesmo mar. As coisas vivas não existem só para nós, elas vivem também para si mesmas e para Deus. E também elas amam a doçura da vida tanto quanto nós.

EUTANÁSIA

Sempre que se fala em eutanásia, os seus opositores invocam razões éticas e teológicas. Dizem que a vida é dada por Deus e que, portanto, somente Deus tem o direito de tirá-la. Eutanásia é matar uma pessoa e há um mandamento que proíbe que isso seja feito. E assim, em nome de princípios universais, obriga-se uma pessoa a morrer em meio ao maior sofrimento. Pois eu afirmo: sou a favor da eutanásia por motivos éticos. Albert Camus, numa frase bem curta, disse que, se ele fosse escrever um livro sobre ética, noventa e nove páginas estariam em branco e na última página estaria escrito "amor". Todos os princípios éticos que possam ser inventados por teólogos e filósofos caem por terra diante desta pequena palavra: "amor". Deus é amor. O amor, segundo os textos sagrados, é fazer aos outros aquilo que desejaríamos que fosse feito conosco, numa situação semelhante.

Amo os cães e já tive dezenas. Muitos deles, eu mesmo levei ao veterinário, para que lhes fosse dado o alívio para o seu sofrimento. Fiz isso porque os amava, eram meus amigos, queria o seu bem. E eu gostaria que fizessem o mesmo comigo, se estivesse na sua situação de sofrimento. Defender a vida a todo custo! De acordo. É a filosofia de Albert Schweitzer e a filosofia de Mahatma Gandhi: reverência pela vida. Tudo o que vive é sagrado e deve ser protegido. Mas, o que é a vida? Um materialismo científico grosseiro define a vida em função de batidas cardíacas e ondas cerebrais. Mas será isso que é vida? Ouço os bem-te-vis cantando: eles estão louvando a beleza da vida. Vejo as crianças brincando: elas estão gozando as alegrias da vida. Vejo os namorados se beijando: eles estão experimentando os prazeres da vida. Que tudo se faça para que a vida se exprima na exuberância da sua felicidade! Para isso, todos os esforços devem ser feitos.

Mas eu pergunto: a vida não será como a música? Uma música sem fim seria insuportável. Toda música quer morrer. A morte é parte da beleza da música. A manga pendente num galho: tão linda, tão vermelha. Mas o tempo chega quando ela quer morrer. A criança brinca o dia inteiro. Chegada a noite, ela está cansada. Ela quer dormir. Que crueldade seria impedir que a criança dormisse quando o seu corpo quer dormir.

A vida não pode ser medida por batidas de coração ou ondas elétricas. Como um instrumento musical, a vida só vale a pena ser vivida enquanto o corpo for capaz de produzir música, ainda que seja a de um simples sorriso.

Admitamos, para efeito de argumentação, que a vida é dada por Deus e que somente Deus tem o direito de tirá-la. Qualquer intervenção mecânica ou química que tenha por objetivo fazer com que a vida dê o seu acorde final seria pecado, assassinato.

Vamos levar o argumento às suas últimas consequências: se Deus é o senhor da vida e também o senhor da morte, qualquer coisa que se faça para impedir a morte, que aconteceria inevitavelmente se o corpo fosse entregue à vontade de Deus, sem os artifícios humanos para prolongá-la, seriam também uma transgressão da vontade divina. Tirar a vida artificialmente seria tão pecaminoso quanto impedir a morte artificialmente – porque se trata de intromissões dos homens na ordem natural das coisas determinada por Deus.

A vida, esgotada a alegria, deseja morrer. O que eu desejo para mim é que as pessoas que me amam me amem do jeito como eu amo os meus cachorros.

HERMANN HESSE

"Após cada morte a vida se torna, para nós, mais delicada e preciosa."

"Lembro-me de muitos suicidas e considero suas mortes mais naturais e sensatas do que as de outros que não se suicidaram."

MORTE

A vida, para ser, leva tempo, demanda paciência, exige cuidados, há que se esperar. Mas a morte vem súbita e definitiva. Uma árvore leva anos a crescer. O machado a abate em poucos minutos.

O QUE REALMENTE IMPORTA

A vida não é uma sonata que, para realizar a sua beleza, tem de ser tocada até o fim. Dei-me conta, ao contrário, de que a vida é um álbum de minissonatas. Cada momento de beleza vivido e amado, por efêmero que seja, é uma experiência completa que está destinada à eternidade. Um único momento de beleza e amor justifica a vida inteira. Tenho terror de ser enganado. Se estiver para morrer, que me digam. Se me disserem que ainda me restam dez anos, continuarei a ser tolo, mosca agitada na teia das medíocres, mesquinhas rotinas do cotidiano. Mas se só me restam seis meses, então tudo se torna repentinamente puro e luminoso. Os não essenciais se despregam do corpo, como escamas inúteis. A Morte me informa sobre o que realmente importa.

CONSELHEIRA

Odeio a ideia de morte repentina, embora todos achem que é a melhor. Discordo. Tremo ao pensar que o jaguar negro possa estar à espreita na próxima esquina. Não quero que seja súbita. Quero tempo para escrever o meu haicai. O último haicai é isto: o esforço supremo para dizer a beleza simples da vida que se vai. Como dizia o bruxo D. Juan ao seu aprendiz: "A morte é a única conselheira sábia que temos. Sempre que você sentir que tudo vai de mal a pior e que você está a ponto de ser aniquilado, volte-se para a sua Morte e pergunte-lhe se isso é verdade. Sua Morte lhe dirá que você está errado. Nada realmente importa fora do seu toque... Sua Morte o encarará e lhe dirá: 'Ainda não o toquei'". E o feiticeiro concluiu: "Um de nós tem de mudar, e rápido. Um de nós tem de aprender que a Morte é caçadora, e está sempre à nossa esquerda. Um de nós tem de aceitar o conselho da Morte e abandonar a maldita mesquinharia que acompanha os homens que vivem suas vidas como se a Morte não os fosse tocar nunca".

A Morte não é algo que nos espera no fim. É companheira silenciosa que fala com voz branda, sem querer nos aterrorizar, dizendo sempre a verdade e nos convidando à sabedoria de viver. A branda fala da Morte não nos aterroriza por nos falar da Morte. Ela nos aterroriza por nos falar da Vida. Na verdade, a Morte nunca fala sobre si mesma. Ela sempre nos fala sobre aquilo que estamos fazendo com a própria Vida, as perdas, os sonhos que não sonhamos, os riscos que não tomamos (por medo), os suicídios lentos que perpetramos. Embora a gente não saiba, a Morte fala com a voz do poeta. Porque é nele que as duas, a Vida e a Morte, encontram-se reconciliadas, conversam uma com a outra, e desta conversa surge a Beleza... Ela nos convida a contemplar a nossa própria verdade. E o que ela nos diz é simplesmente isto: "Veja a vida. Não há tempo a perder. É preciso viver agora! Não se pode deixar o amor para depois...".

DA MORTE NASCEM ÁRVORES

Faz tempo que tenho um sonho: fazer um cemitério. Mais precisamente: plantar um cemitério. Pois nele não se enterrarão cadáveres, mas as árvores que crescem nos corpos dos mortos. Assim, à medida que as pessoas queridas forem morrendo, eu irei plantando as árvores que mais se parecem com elas.

CHEGADAS E DESPEDIDAS

A vida começa com uma chegada. Termina com uma despedida. A chegada faz parte da vida. A despedida faz parte da vida. Como o dia, que começa com a madrugada e termina com o sol que se põe. A madrugada é alegre, luzes e cores que chegam. O sol que se põe é triste, orgasmo final de luzes e cores que se vão. Madrugada e crepúsculo, alegria e tristeza, chegada e despedida: tudo é parte da vida, tudo precisa ser cuidado. A gente prepara, com carinho e alegria, a chegada de quem a gente ama. É preciso preparar também, com carinho e tristeza, a despedida de quem a gente ama. Noite e dia, silêncio e música, repouso e movimento, riso e choro, calor e frio, sol e chuva, abraço e separação, chegada e partida: são os opostos pulsantes que dão vida à vida. Chegada e despedida, vida e morte – não são inimigas; são irmãs.... Uma canção não existiria sem a palavra que a encerra. Sem a Morte, a Vida não existiria. A vida é, precisamente, uma permanente despedida...

INSENSIBILIDADE

Um amigo está passando por momentos doloridos: seu irmão está vivendo talvez os últimos dias numa cama de hospital. Mas a tristeza do meu amigo e da família é acrescida pela insensibilidade arrogante do médico que cuida do seu irmão. Meu amigo quer ver os resultados dos exames de laboratório. Eu também quereria. Pois o dito médico determinou que somente ele, médico, pode ter acesso aos exames. A família permanece na ignorância. Este é um dos horrores possíveis no caso de uma internação hospitalar: a perda dos direitos sobre o próprio corpo.

Fica-se a mercê de um outro, desconhecido. Infelizmente ainda há médicos que, possuídos de arrogância e onipotência, se julgam donos do doente. Pois eu acho que quem é o dono é o doente: dono dos procedimentos médicos que ele pode aceitar ou rejeitar, dono das informações que ele passa ao médico, se assim o desejar. Esta é uma questão muito séria e julgo que os médicos deveriam estudá-la, como parte da ética médica. O doente, por ser doente, não está reduzido à condição de um nabo cozido. Ele continua a ser um ser humano, dono de si mesmo. E se ele não está em condições, são os seus seres queridos que administram os seus direitos e cuidam para que eles não sejam transgredidos. Um comportamento assim seria objeto de punição se acontecesse em qualquer outra situação. Até os criminosos são protegidos pela lei. Imagino que Kafka deve ter se inspirado numa situação hospitalar para escrever *O julgamento*. É preciso que os médicos estejam conscientes de que não são donos do doente, mas servos do doente. Uma das condições essenciais para o exercício da medicina é a humildade. Comportamentos como esse que denuncio não são a regra. Mas existem. Por isso a classe médica tem de estar atenta. Os médicos não estão imunes a deformação de caráter.

PLANEJAMENTO

Ele chegou na hora certa. Aluno da Unicamp, me pedira uma entrevista. Eu não sabia o que ele queria saber de mim. Assentados, ele com prancheta e caneta na mão fez a grande pergunta: "Eu queria saber como foi que o senhor planejou a sua vida para chegar aonde chegou...". Compreendi imediatamente. Ele gostava de mim. Me admirava. Queria ser como eu. E queria que eu lhe revelasse o segredo, o mapa... Fiquei triste por ter de desapontá-lo. Minha resposta, absolutamente verdadeira, foi: "Eu estou onde estou porque tudo que planejei deu errado...".

DOR MAIOR

Não acredito que haja dor maior que a morte de um filho. A princípio é uma dor bruta, sem forma ou cores, como se fosse uma montanha de pedra que se assenta sobre o peito, eternamente. Com o passar do tempo, essa dor bruta se transforma. Passa a ser muitas, cada uma com um rosto diferente, falando coisas diferentes. Há aquela dor que é a pura tristeza pela ausência. Ela só chora e diz: "Nunca mais...". Outra é aquela dor que se lembra das coisas que foram feitas e não deveriam ter sido feitas, coisas que não foram feitas e deveriam ter sido feitas: a palavra não dita, o gesto que não foi feito. É a dor da saudade misturada com a tristeza da culpa. E há outra dor: a tristeza de que o filho não tenha completado o que começara.

ALMA

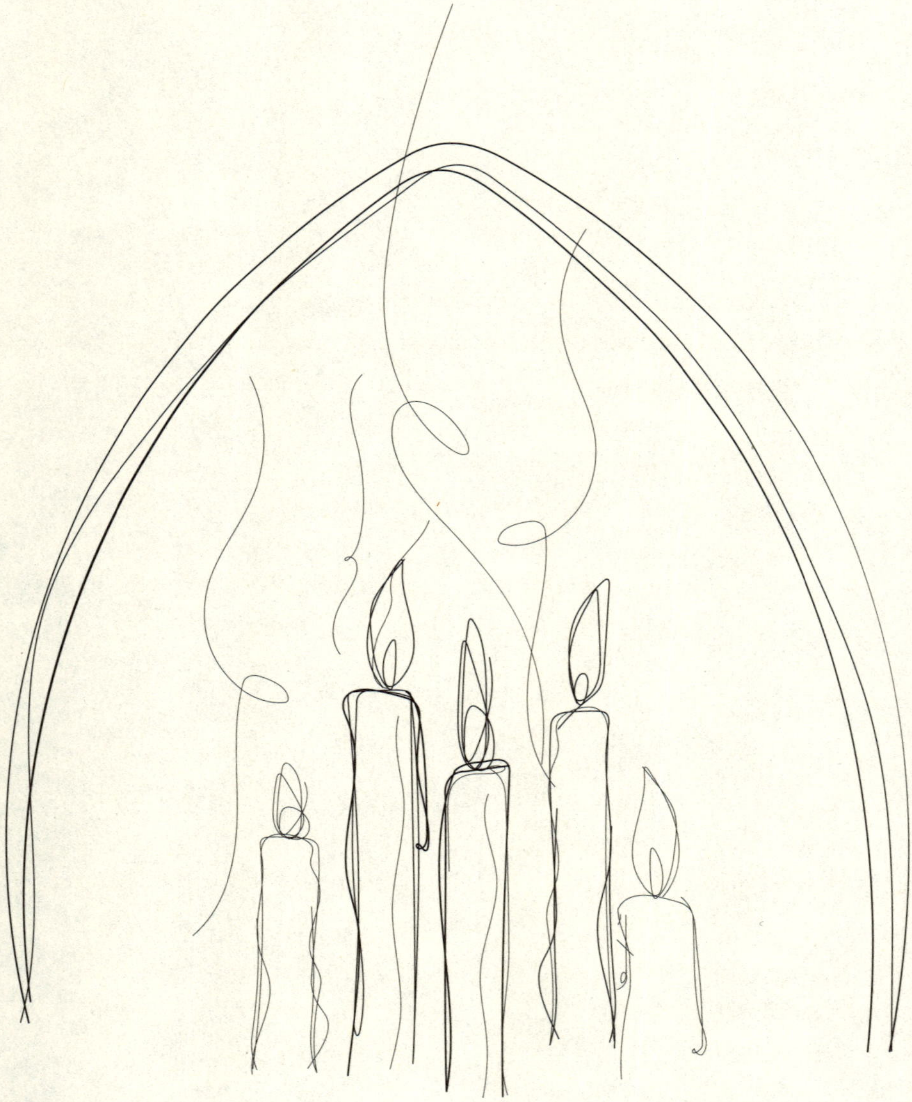

DUAS CAIXAS

"Caixa de ferramentas" e "caixa de brinquedos". É preciso que eu explique por que esses dois conceitos são a base da minha filosofia de educação e de vida. Resumindo: são duas, apenas duas, as tarefas da educação, representadas por duas caixas que o corpo carrega. Na mão direita, mão da destreza e do trabalho, ele leva uma caixa de ferramentas. E na mão esquerda, mão do coração e da sensibilidade, ele leva uma caixa de brinquedos. Ferramentas são melhorias do corpo. Os animais não precisam de ferramentas porque seus corpos já são ferramentas. Seus corpos lhes dão todas a ferramentas de que necessitam para sobreviver. Como são desajeitados os seres humanos quando comparados com os animais! Veja, por exemplo, os macacos. Sem nenhum treinamento especial, eles tirariam medalhas de ouro na ginástica olímpica. E os saltos das pulgas e dos gafanhotos! Já prestou atenção na velocidade das formigas? Mais velozes a pé, proporcionalmente, que os bólidos de Fórmula 1! O voo dos urubus, os buracos dos tatus, as teias das aranhas, as conchas dos moluscos, a língua saltadora dos sapos, o veneno das taturanas, os dentes dos castores...

Nossa inteligência se desenvolveu para compensar a deficiência das ferramentas que o corpo nos dá, por nascimento. Assim, ela inventou melhorias para o corpo: porretes, pilões, facas, flechas, redes, barcos, bicicletas, casas, aviões, computadores... Disse Marshall McLuhan corretamente que todos os "meios" são extensões do corpo. É isto que são as ferramentas: meios para se viver. Ferramentas aumentam a nossa força, nos dão poder: uma agulha, um pau de fósforo, um par de óculos... A idéia de que o corpo carrega duas caixas – uma caixa de ferramentas, na mão direita, e uma caixa de brinquedos, na mão esquerda – me apareceu quando me dedicava a entender santo Agostinho. Pois ele, resumindo o seu pensamento, disse que todas as coisas que existem se dividem em duas ordens distintas. A ordem do *uti* (ele escrevia em latim) e a ordem do *frui*. *Uti,* "o que é útil, utilizável, utensílio". Usar uma coisa é utilizá-la para se obter uma outra coisa. *Frui*, "fruir, usufruir, desfrutar, amar uma coisa por causa dela mesma". A ordem do *uti* é o lugar do poder. Todos os utensílios, ferramentas, são inventados para aumentar o poder do corpo. A ordem do *frui*, ao contrário, é a ordem do amor – coisas que não são utilizadas, que não são ferramentas, que não servem para nada. Elas não são úteis; são inúteis. Porque não são para ser usadas, mas para ser gozadas. A tradição cristã tem medo das coisas que são guardadas na caixa dos brinquedos. Nessa caixa se guarda a origem do pecado: o prazer...

BRINQUEDOS

Amigos me têm perguntado sobre as razões da minha mudança de estilo. Eu só escrevia crônicas com princípio, meio e fim. De repente, comecei a escrever fragmentos, como estes. Acontece que a cabeça é uma caixa de segredos onde se ajuntam os mais diferentes tipos de pensamentos. Alguns deles são tranqueiras mesmo e os jogo fora. (Mas já me arrependi muito de supostas tranqueiras que joguei fora para descobrir, muito mais tarde, que não eram tranqueiras...) Outros ficam lá dentro e vão ajuntando, enchendo minha canastra secreta. Não é possível transformá-los todos em peças literárias porque o tempo é curto e o espaço também. Mas não tenho coragem de me livrar deles. Resolvi então retirá-los da caixa em que estavam guardados e transformá-los em brinquedos.

PENSÃO

Os apaixonados não sabem que cada casa de paredes brancas e janelas azuis é uma pensão. Pensões frequentemente se anunciam como "familiares", lugares de respeito. O dono até pode rejeitar um possível hóspede. Com o corpo não é assim. Os hóspedes já estão lá, todos com a mesma cara, mas cada um de um jeito: um professor sério, uma criança que brinca, um avô carinhoso, um sedutor de fala mansa, um pecador arrependido, um poeta deprimido, um sargento autoritário, uma criança birrenta, um órfão abandonado, um sabe-tudo que só fala e não escuta, um debochado, um torturador que sabe onde dói mais, um assassino que só não mata por medo, um ser monstruoso, mistura de bruxa e demônio. Todos nos seus quartos. Normalmente não aparecem. Esse rol de hóspedes, eles não se encontram todos na pensão. Apenas alguns, o que é suficiente. O dono da pensão, que se chama "eu", se esforça por mantê-los quietos. Alguns, ele gosta que apareçam. São seres civilizados. Confirmam o caráter "familiar" da pensão. Outros, quando aparecem, é como se o inferno acontecesse. Trancam o dono da pensão num quarto, e estabelecem o horror-terror. É a gritaria, as ofensas, os palavrões, a ironia cortante, as agressões, a violência. Os demônios têm um conhecimento preciso dos lugares a serem tocados. A pensão – paredes brancas e janelas azuis – se transforma num lugar infernal. (É nesses momentos que acontecem as tragédias. Crimes. Vem o julgamento. Mas aquele que é julgado, odiado e executado não é o criminoso. É o dono da pensão, pessoa pacífica e de bons sentimentos. O criminoso está dormindo, numa cela, no porão da pensão...) Passada a orgia infernal, os demônios, exauridos e satisfeitos, retornam às suas celas, deixando os destroços para serem arrumados pelo dono da pensão. É o momento da tristeza e da vergonha. Como explicar que aquela pensão de paredes brancas e janelas azuis, anunciada como lugar sagrado – à porta, "Lar, doce lar"; no hall de entrada uma Bíblia aberta! – de repente se transforme num lugar infernal?

BRINDE

A jovem me olhou com olhos sorridentes e disse: "O senhor aceitaria um brinde?". Ela estava dentro de um balcão circular no aeroporto, rodeada de revistas. Oferecia-me, de graça, uma revista, à minha escolha. O nome dela era Sabrina. Devolvi o sorriso, aproximei-me e disse: "Não vou aceitar o brinde porque não há brindes. O peixe, ao olhar para a isca, pensa: 'Oh! Um brinde do pescador...'. Quando eu era jovem, tentei ganhar a vida como vendedor de livros. Fracassei, mas aprendi a sedução dos brindes. Não vou aceitar o brinde porque sei aonde ele me levará: serei fisgado pelo anzol e ficarei odiando você e eu mesmo pelo brinde, nas inúmeras prestações que terei de pagar.

Falo isso por experiência própria". Ela não argumentou. Percebeu que eu conhecia o engodo. Aí continuamos a conversar. Brinquei com ela: "Você está ganhando a sua vida e enganando a vida dos outros. Mas não se envergonhe. Todo mundo engana. A vida é feita de enganos. Os políticos enganam. Os líderes religiosos enganam. A propaganda, na sua totalidade, é feita de enganos: lançam a isca para que as pessoas – peixes – abocanhem o anzol... Mas tenho de louvar a sabedoria psicanalítica dos enganadores. Não é possível pescar usando como isca um pedaço de ferro. Só é isca aquilo que a pessoa deseja. Peixe deseja minhoca... A internet está cheia de iscas. Diariamente me chegam ofertas de remédios que fazem aumentar o pênis... Haverá coisa que os homens desejam mais? Não se deseja pênis grande para ter prazer pessoal grande. Deseja-se pênis grande para dar muito prazer à parceira. Quanto maior, mais prazer. O que o homem deseja é que a mulher, esvaziada de tanto prazer – pois o prazer não esvazia? – olhe para ele e diga: 'Como é bom que você exista'... Como disse o Nando, do *Quarup*: 'Nós nascemos para sermos adorados como deuses'. Esse é o nosso desejo. Por isso abocanhamos a isca e somos fisgados...".

A ALMA É UMA PAISAGEM

Ou melhor, paisagens. Paisagens são feitas com campos, florestas, montanhas, rios, mares, nuvens – "coisas" que existem fora de nós, que os sentidos percebem e nós lhes damos nomes. As paisagens da alma, entretanto, não são feitas de "coisas". São feitas de sentimentos. E os sentimentos, não temos como dizê-los, os sentidos não conseguem fotografá-los. Então um artista que mora dentro da gente, o tal de Inconsciente, lança mão de um artifício: ele veste os sentimentos da paisagem de dentro com as coisas da paisagem de fora. Um medo muito grande aparece como um precipício; o tédio se parece com uma chuva persistente em meio a brumas... Vingança? Um tigre... A perda de um amor? Um velório. E a experiência de liberdade? Você nunca voou nos sonhos?... Desta forma, o "artista" torna visíveis as paisagens da alma por meio de metáforas. O "artista", além de ser pintor é também poeta. Os sonhos são efêmeras visões das paisagens da alma, as paisagens que fazem a nossa pele do lado de dentro, o lado do coração. Quando a gente vê uma paisagem de fora e se emociona, a emoção não vem da paisagem de fora. Vem é da paisagem de dentro. Geralmente se pensa que a função dos psicanalistas é curar doenças da alma. Não concordo. Não sei se eles podem curar alguma coisa. O que acho é que eles são os guias que nos levam a visitar as paisagens da alma que nós mesmos desconhecemos. Bosques escuros, mares profundos, montanhas cobertas de neve, campos floridos, cemitérios... Essa aventura não cura nada. Ela nos conduz por experiência de tristeza e beleza. E isso nos torna mais sábios. A sabedoria é uma forma de cura. Mas preciso confessar que as trilhas mais fascinantes da minha alma não foi a minha psicanalista que me revelou. Foram os livros. Desses, o mais extraordinário é *A história sem fim*, de Michael Ende. Tentaram transformá-lo em filme. O filme ficou fantástico. Até vou vê-lo com minhas netas. Mas muita coisa se perdeu no caminho do livro para o cinema. O outro é *Viagem a Ixtlan*, as lições de feitiçaria do bruxo D. Juan. É infinitamente superior aos livros que se veem nas livrarias e que contam estórias de mundos mágicos. Pena que não tenha sido reeditado.

Quando me mudei para um condomínio, a vizinhança inteira me sendo desconhecida, tratei de me aproximar: distribuí alguns livros para os vizinhos mais próximos, adultos, e estórias infantis para as crianças. Deu resultado. Algumas crianças perceberam que gosto delas, que gosto de brincar, e vêm me visitar. Estou no laptop trabalhando e ouço um suave barulho na porta. Já sei! São eles. Eles entram, conversamos e brincamos. Pela vontade deles, ficariam horas na minha casa. Mas eu tenho que trabalhar. E digo a eles que é hora de se irem, por causa do meu trabalho. Aí um deles, deve ter uns oito anos, me fez uma pergunta: "Por que é que você não pede ao seu chefe dois dias de folga?". Respondi: "Porque o meu chefe é terrível, me vigia o dia inteiro, me cobra as coisas que tenho de fazer. Os olhos dele me vigiam dia e noite...". Ele ficou assustado que eu tivesse um chefe assim. Perguntou-me o seu nome. Inventei um nome qualquer. Não podia dar o nome verdadeiro do meu chefe, que seria Rubem Alves. Ele não entenderia.

LOBISOMEM

É uma lenda. Ela diz que dentro de um homem bom e tranquilo mora um lobo, fera. Mora trancado dentro de uma jaula. Aparece vez por outra quando, por razões que não se sabe, a jaula se abre e ele sai. A lenda diz que ele sai em noites de lua cheia. Mas acho que não é bem assim. Ele sai – não se sabe nem quando nem por quê. Aí, quando sai, toma conta do corpo. E o homem bom e tranquilo, ele o tranca na sua jaula. Livre, ele é só fúria incontrolável. Esgotada a sua fúria, retorna à sua morada dentro da jaula, e o homem bom e tranquilo retorna ao seu lugar. Os dois nunca se encontram. Nem mesmo se conhecem.

EXORCISMO

Neurose e psicose são formas de feitiçaria, magia negra. E a cura vem através de magia. "Palavras e magia foram, no princípio, a mesma coisa", diz Freud. O psicanalista ouve em silêncio a fim de aprender os nomes que mantêm o corpo enfeitiçado. "Qual é o teu nome?", ele pergunta. Quando os seus nomes são ouvidos, os demônios fogem. Nas palavras de Fairbairn, "o psicoterapeuta é o verdadeiro sucessor do exorcista. A sua missão não é perdoar pecados, mas expulsar demônios".

NEBLINA

A arte chinesa: já notaram que seus cenários aparecem sempre cobertos por neblinas? Estão lá porque a alma precisa delas... A vida é cheia de neblinas... Durante a Revolução Cultural, as neblinas foram proibidas. Revoluções são tempos de certezas. Palavras de ordem não toleram as brumas, pois é lá que moram os sonhos. Luminosidade total para tornar impossível sonhar. Pois os sonhos são testemunhos de que a alma se recusa a se tornar um pássaro engaiolado. Nenhum lugar protegido pela sombra, nenhum canto escuro, longe dos olhos, nenhum mistério. Visibilidade total. Os contornos devem ser definidos com clareza. Os sentidos devem ser declarados sem ambiguidades, sem intervalos em seus interstícios.

Ernst Bloch tem um denso parágrafo em que examina o sentido das utopias. Diz ele: "Se é verdade que as coisas comumente são vistas como elas são, não é, entretanto, um paradoxo absurdo colocar pelo menos uma ênfase igual no fato de poderem elas ser diferentes do que são. É por isto que a observação de Oscar

Wilde de que 'um mapa do mundo sem o país da Utopia não merece nem sequer uma olhadela', não produz choque algum, exceto o choque do reconhecimento."

ALMA

A alma é uma coleção de belos quadros adormecidos, os rostos envoltos nas sombras.

CENA DE FELICIDADE

No fundo da alma está um quadro: é uma cena de felicidade. O amor acontece quando, repentinamente, ao ver um rosto, temos a convicção de estar encontrando o rosto que está na cena de felicidade da alma: "Quando te vi amei-te já muito antes,/ Tornei a achar-te quando te encontrei./ Nasci para ti antes de haver o mundo" (Fernando Pessoa). Amamos uma pessoa porque a sua imagem se insere na cena de felicidade que havia na memória "antes de haver o mundo"... A paixão acontece quando o rosto real à minha frente coincide, na minha fantasia, com a imagem perdida que busco para completar a cena.

ROSTO DESCONHECIDO

Um diante do outro, assentados à mesa do restaurante. Olham-se e se perguntam em silêncio: "Para onde foi a imagem amada que morava nesse rosto?". No mesmo rosto mora agora uma outra imagem. Contemplam o rosto conhecido e o desconhecem.

A cena de felicidade que existia na alma "antes de haver o mundo" não está mais lá.

QUADROS ESQUECIDOS

A alma é uma coleção de belos quadros esquecidos, os rostos envolvidos pela sombra. Sua beleza é triste e nostálgica porque, sendo moradores da alma, sonhos, eles não existem do lado de fora. Vez por outra, entretanto, defrontamo-nos com um rosto que, sem razões, faz a bela cena acordar. E somos possuídos pela certeza de que esse rosto que os olhos contemplam *é* o mesmo que, no quadro, está escondido pela sombra. O corpo estremece. Está apaixonado.

CRIANÇA

SURPRESA

O menino gostava dos livrinhos que escrevi para crianças. Seu grande sonho era conhecer o autor de estórias tão bonitas. Ele deveria ser uma pessoa maravilhosa! Aí chegou a ocasião! Haveria um evento para grandes e pequenos em que o Rubem Alves estaria presente. Os pais do menino transmitiram-lhe a notícia maravilhosa. O menino se encheu de alegria e no dia e horário marcados lá se foram eles para o lugar onde o sonho se realizaria. O Rubem Alves lá estava, no meio de uma criançada, contando estórias. Os pais chamaram a atenção do filho e mostraram: "Aquele ali é o Rubem Alves...". O menino parou, olhou, deixou o sorriso escorrer pelo canto da boca e perguntou: "Mas o Rubem Alves é 'isso'?".

ADULTOS EM EXCESSO

Guimarães Rosa, escrevendo sobre a infância: "Não gosto de falar da infância. É um tempo de coisas boas, mas sempre com pessoas grandes incomodando a gente, intervindo, estragando os prazeres. Recordando o tempo de criança, vejo por lá um excesso de adultos, todos eles, mesmo os mais queridos, ao modo de soldados e policiais do invasor, em pátria ocupada. Fui rancoroso e revolucionário permanente, então. Já era míope e nem mesmo eu, ninguém sabia disso. Gostava de estudar sozinho e de brincar de geografia. Mas, tempo bom de verdade, só começou com a conquista de algum isolamento, com a segurança de poder fechar-me num quarto e trancar a porta. Deitar no chão e imaginar estórias, poemas, romances, botando todo mundo conhecido como personagem, misturando as melhores coisas vistas e ouvidas! [Algumas de minhas distrações eram] armar alçapões para pegar sanhaços – e depois tornar a soltá-los. Que maravilha! Puxar sabugos de espigas de milho, feito boizinhos de carro, brinquedo saudoso; atrelar um sabugo branco com outro vermelho, e mais uma junta de bois pretos – sabugos enegrecidos pelo fogo. Prender formiguinhas em ilhas, que eram pedras postas num tanque raso, e unidas por pauzinhos, pontes para as formiguinhas passar. Aproveitar um fiozinho d'água, que vinha do posto das lavadeiras, e mudar-lhes duas vezes por dia a curso, fazendo-o de Danúbio ou de São Francisco, ou de Sapakral-lar (nome inventado), com todas as curvas dos ditos, com as cidades marginais marcadas por grupos de pedrinhas, tudo isso sob o vôo matinal das maitacas de Nhô Augusto Matraca, no quintal."

VER

De tudo que João Guimarães Rosa escreveu, acho a estória do Miguilim a mais bonita. Miguilim era um menininho que vivia num lugar perdido do sertão, precisava andar um dia a cavalo pra se chegar no mais próximo. Mas Miguilim via um mundo embaçado e pensava que o mundo era assim. Não via o passarinho no galho da árvore nem os brotos do milho saídos do chão. Pai de Miguilim, bruto, achava que ele era burro. Desgostava. Batia. E no coração de Miguilim o ódio crescia. Mas um dia chegou um doutor montado em cavalo bonito e tratado. Estranhou que Miguilim fechasse os olhos pra ver melhor. "Esse nosso rapazinho tem a vista curta. Espera aí, Miguilim..." E o senhor tirava os óculos e punha-os em Miguilim, com todo o jeito. "Olha agora!" Miguilim olhou. "Nem não podia acreditar! Tudo era uma claridade, tudo novo e lindo e diferente, as coisas, as árvores, as caras das pessoas. Via os grãozinhos de areia, a pele da terra, as pedrinhas menores, as formiguinhas passeando no chão de uma distância. E tonteava. Aqui, ali, meu Deus, tanta coisa, tudo..." Leiam e comparem, e vejam se o Miguilim não é o João. Os dois eram míopes sem saber. O espanto do Miguilim deve ter sido o espanto do João quando pôs os óculos pela primeira vez. E os dois brincavam com os mesmos brinquedos, até os boizinhos de sabugo, brancos, vermelhos e pretos, esses pretejados no fogo do fogão de lenha... Lendo o Miguilim aprendo sobre o João.

DIÁLOGO COM UMA MENINA DE NOVE ANOS

Eu: "Me explique essa coisa de 'dando as costas ao nascente temos o poente em frente, o norte à direita e o sul à esquerda'...".

Menininha: "Ah... Esqueci... Foi matéria do ano passado...".

PERGUNTA DE UMA PEQUENA MENINA

A Raquel, minha filha, tinha pouco mais de dois anos. Entrou no meu quarto e me sacudiu até que eu acordasse. Aí ela me olhou e fez a pergunta que a atormentava e a tirara da cama. "Papai, quando você morrer vai sentir saudades?" Tão pequena e já sabia que uma grande separação nos aguarda! Onde ela aprendera aquilo? Ela nunca tivera experiência alguma com a morte! Talvez a consciência da morte já nasça conosco, não sendo coisa que se precisa aprender. Mais do que isso: ela sabia que morrer é ir para muito longe, para o lugar onde mora a saudade sem retorno. Ter de morrer é estar condenado à saudade... Fiquei mudo de espanto, não sabia o que dizer. Ela então me salvou da minha perplexidade. "Não chore. Eu vou te abraçar...", ela me disse como consolo. Esse incidente me levou a escrever a estória *A montanha encantada dos gansos selvagens*, em que esse diálogo é preservado.

GABRIEL

Não consigo refrear a tentação de puxar conversa com uma criança que não conheço. Se tem uma criança no elevador cheio, eu me agacho para que meus olhos fiquem na altura dos seus. Deve ser muito estranho olhar em volta e só ver fivela de cintos e bolsas. Olhando-se para cima, os adultos têm a aparência de gigantes.

Na sala de espera do consultório médico, estava o menino com seu pai. Calculei, 9 ou 10 anos. Puxei conversa. Ele ficou encabulado. Virou de lado. Mas eu não desisto. Gosto de conversar com crianças. É fácil. E só falar de igual para igual, sem voz melosa e sem usar diminutivos. Ele falou de futebol. Eu disse que não torcia por nenhum time, mas havia escrito um livro, *Futebol levado a riso*. E lhe contei várias estórias divertidas do futebol. A conversa rolou fácil. Ficamos amigos. Disse-lhe que escrevi estórias para crianças. Pedi o endereço dele para lhe enviar uns livrinhos. Ele me deu. Mandei os livros. Passados uns dias, ele me mandou um presente: um livro de poesias, raridade literária, data de 1892-1903. Tão divertida a forma como se escrevia! No meio dos poemas encontrei um que mexeu comigo: "Embala-me, balanço da mangueira,/ Embala-me, que enquanto vou contigo e contigo venho, o meu pesar esqueço...". O presente veio com uma carta dele, assinada Gabriel Quevedo. Disse a ele que Gabriel é nome de anjo! Ele se espantou. E me disse que já estava lendo o livro *Lagartixas e dinossauros*. Na carta, ele escreveu que o presente era uma prova de gratidão. Mas não precisava ter gratidão por tão pouco. Gostei, Gabriel.

CRIANÇA

As crianças ignoram os relógios. Os relógios têm a função de submeter o tempo do corpo ao tempo da máquina. Mas as crianças só reconhecem os seus próprios corpos como marcadores do seu tempo. Se as crianças usam relógios, elas os usam como se fossem brinquedos. Que maravilhosa subversão! Usar a gaiola do deus Chronos como brinquedo de Kairós, o deus do tempo da vida.

As crianças, do jeito como saem das mãos de Deus, são brinquedos inúteis, não servem para coisa alguma... Crianças não são para ser usadas como ferramentas. Elas são para ser gozadas, como brinquedos...

Os olhos, diferentemente do resto do corpo, preservam para sempre a propriedade divina do rejuvenescimento. O sábio é um adulto com olhos de criança.

Janucz Korczak foi um dos grandes educadores do século passado. Foi mansamente com as crianças do seu orfanato para a câmara de gás de um campo de concentração nazista. Ele deu a um dos seus livros o título *Quando eu voltar a ser criança*. De acordo com a Adélia Prado, que rezou: "Meu Deus, me dá cinco anos, me dá a mão, me cura de ser grande...".

Quero voltar para as crianças. A razão? Por elas mesmas. É bom estar com elas. Crianças têm um olhar encantado. Visitando uma reserva florestal no estado do Espírito Santo, a bióloga encarregada do programa de educação ambiental me disse que é fácil lidar com as crianças. Os olhos delas se encantam com tudo: as formas das sementes, as plantas, as flores, os bichos, os riachinhos. Tudo, para elas, é motivo de assombro. E acrescentou: "Com os adolescentes é diferente. Eles não têm olhos para as coisas. Eles só têm olhos para eles mesmos...". Eu já tinha percebido isso. Os adolescentes já aprenderam a triste lição que se ensina diariamente nas escolas. Aprender é chato. O mundo é chato. Os professores são chatos. Aprender, só sob ameaça de não passar no vestibular. Por isso quero ensinar as crianças. Ensiná-las para que elas se encantem com o mundo. Seus olhos são dotados daquela qualidade que, para os gregos, era o início do pensamento: a capacidade de se assombrar diante do banal. Tudo é espantoso: um ovo, uma minhoca, um ninho de guaxinim, uma concha de caramujo, o voo dos urubus, o zinir das cigarras, o coaxar dos sapos, os pulos dos gafanhotos, uma pipa no céu, um pião na terra. Dessas coisas, invisíveis aos eruditos olhos dos professores universitários (eles não podem ver, coitados. A especialização os tornou cegos como toupeiras. Só veem dentro do espaço escuro de suas tocas. E como veem bem!), nasce o espanto diante da vida; desse espanto, a curiosidade; da curiosidade, a "fuçação" (essa palavra não está no Aurélio!) chamada pesquisa; dessa "fuçação", o conhecimento; e do conhecimento, a alegria!

OLHAR DE CRIANÇA

O senso comum identifica o "infantil" com o "pueril". Adulto no qual mora uma criança não é digno de confiança. O ideal é o homem maduro, que abandonou as coisas de criança, que trocou o brinquedo pelo trabalho. A psicanálise concorda: o "infantil" é o regressivo, sintoma neurótico a ser analisado.

Na minha psicanálise, os desejos infantis são desejos eternos e divinos. O infantil não é o regressivo: é o eterno, o que sempre foi, o que sempre será, o objeto da saudade e da nostalgia, o objeto perdido que se espera reencontrar no futuro. É dos desejos infantis que surge a poesia. A criança e o poeta falam a mesma língua.

Lá vão pelo caminho a mãe e a criança, que vai sendo arrastada pelo braço – segurar pelo braço é mais eficiente que segurar pela mão. Vão as duas pelo mesmo caminho, mas não vão pelo mesmo caminho. Pois eu digo que o caminho por que anda a mãe não é o mesmo caminho por que anda a criança. Os olhos da criança vão como borboletas, pulando de coisa em coisa, para cima, para baixo, para os lados, tudo é espantoso, tudo é divertido. Pena que a mãe não veja nada do que a criança vê, porque seus olhos desaprenderam a arte de ver como quem brinca, ela tem muita pressa, é preciso chegar, há coisas urgentes a fazer, seu pensamento está nas obrigações de dona de casa, por isso vai dando safanões nervosos na criança... Olhando fixamente para o chão, ela procura as pedras no meio do caminho, não por amor ao Drummond, mas para não dar topadas, e procura também as poças d'água, não porque tenha se comovido com o lindo desenho do Escher de nome *Poça d'água*, uma poça de água suja na qual se refletem o céu azul e os ramos verdes dos pinheiros; ela procura as poças para não sujar o sapato. A pedra do Drummond e a poça de água suja do Escher os adultos não veem, só as crianças e os artistas.

AS CRIANÇAS JÁ NASCEM SABENDO

Quando elas, através da educação, são transformadas em seres úteis, o Paraíso lhes é roubado: são obrigadas a se esquecer do brinquedo e a viver no mundo do trabalho.

Os olhos nascem brincalhões e vagabundos – veem pelo puro prazer de ver, coisa que, vez por outra, aparece ainda nos adultos no prazer de ver figuras.

Coitados dos adultos! Arrancaram os olhos vagabundos e brincalhões de crianças e os substituíram por olhos ferramentas de trabalho, limpa-trilhos.

APRENDER A SER CRIANÇA

São muitos os estudos da psicologia das crianças. Estudamos as crianças para ensinar a elas a maneira adulta de ser. Não conheço estudos que tenham por objetivo o contrário: ensinar aos adultos a maneira de voltar a ser criança.

PARAÍSO

O brinquedo e a arte são as únicas atividades permitidas no Paraíso. O poeta, o artista, a criança: esses são os seres paradisíacos. No Paraíso não existe trabalho. Existe apenas brinquedo e arte. Recuperar a *sapientia* é lembrar-se da "filosofia" sem palavras que morava no corpo da criança.

SALVAÇÃO

Seremos salvos quando nos tornamos crianças: essa é a essência da sabedoria bíblica. Nos poemas sobre o nascimento de Jesus, há a estória dos magos. O texto não diz que eram reis. Eram sábios, astrólogos: olhavam para cima, observavam os astros nos céus para aprender a sabedoria da terra. Pois a estória tem um fim surpreendente: sua longa jornada em busca da sabedoria seguindo a luz da estrela termina quando eles olham para baixo, para aquilo que era iluminado pela luz celestial. Era um nenezinho! Numa manjedoura dormia a criança. E na criança dormia a sapiência.

O CAMELO E O LEÃO

O centro da música filosófica de Nietzsche é o retorno à infância. Nossa trajetória: nascemos camelos, animais de carga, que obedecem à voz dos seus donos. Passamos então por uma primeira metamorfose: o camelo se transforma em leão, o guerreiro dono da sua vontade. Acontece, então, uma última metamorfose, para que a vontade do leão se realize: ele se transforma em criança que só faz brincar.

SUPER-CRIANÇA

Aquilo que os tradutores não souberam traduzir e traduziram como "super-homem" é, na realidade, uma criança. Em vez de "super-homem" proponho "homem-transbordante" – exuberante como uma fonte (ou uma criança...).

NIETZSCHE E AS CRIANÇAS

Por oposição ao propósito da máquina educacional de transformar crianças em adultos, Nietzsche sugeria o oposto e dizia que "a maturidade de um homem é encontrar de novo a seriedade que se tinha quando criança, brincando".

Desanimado com a estupidez dos adultos, ele escreveu: "Gosto de me assentar aqui onde as crianças brincam, ao lado da parede em ruínas, entre os espinhos e as papoulas vermelhas. Para as crianças, eu sou ainda um sábio, e também para os espinhos e as papoulas vermelhas". Os adultos não o entendiam porque ele escrevia como criança.

CEGUEIRA

Deus é alegria. Uma criança é alegria. Deus e uma criança têm isto em comum: ambos sabem que o universo é uma caixa de brinquedos. Deus vê o mundo com olhos de criança. Está sempre à procura de companheiros para brincar. Os grandes, doidões e perversos, pensam que Deus é como eles, de olho malvado, que os espiona em todos os lugares, para castigar. Você sabe que não é assim.

Claro que as funções adultas são necessárias: elas são ferramentas, meios de vida, entidades da Feira das Utilidades. Elas precisam ser desenvolvidas para que a Criança Eterna brinque pela vida afora, sem se machucar...

Sonho com o dia em que as crianças que leem meus livrinhos não terão de grifar dígrafos e encontros consonantais e em que o conhecimento das obras literárias não será objeto de exames vestibulares: os livros serão lidos pelo simples prazer da leitura.

Não avalio as crianças em função dos saberes. São os saberes que devem ser avaliados em função das crianças. É isso que distingue um educador. Um educador não está a serviço de saberes. Está a serviço dos seus alunos. "Aquele que é um mestre, realmente um mestre, leva as coisas a sério – inclusive ele mesmo – somente em relação aos seus alunos". (Nietzsche)

Sugiro uma inversão pedagógica: os grandes aprendendo dos pequenos. Um profeta do Antigo Testamento resumiu essa pedagogia invertida numa frase curta e maravilhosa: "e um menino pequeno os guiará" (Isaías, 11:6). São as crianças que veem as coisas – porque elas as veem sempre pela primeira vez com espanto, com assombro de que elas sejam do jeito como são. Os adultos, de tanto vê-las, já não as veem mais. As coisas – as mais maravilhosas – ficam banais. Ser adulto é ser cego.

A CAIXA DE SAPATOS

Era o dia 25 de dezembro. Na noite da véspera, Papai Noel havia visitado as crianças da vizinhança deixando para cada uma delas um presente. Eram presentes simples. Uma bola. Uma boneca comprada em loja, de celuloide, material antepassado do plástico. Uma boneca de pano que alguém fizera em segredo. Um caminhãozinho de madeira que se comprava na cadeia. Os presos, sem ter o que fazer, transformavam-se em fabricantes de brinquedos. Sim, parecia que Papai Noel visitara todas as crianças da redondeza. E todos os meninos e meninas saíam à rua, exibindo a sua alegria. Menos o Vinícius, menino de seis anos, meu vizinho. Papai Noel se esquecera dele. Ele estava muito longe, entregue a amores de capital. O Vinícius então apareceu puxando o presente que ele mesmo fizera: uma caixa de sapatos, amarrada a um barbante.

QUEM ENTRARÁ NO PARAÍSO?

Alguns não sabem brincar. Em vez de brincar, abrem seu baú cheio de ferramentas de trabalho. Mas a Criança não se interessa pela mala. Os chegantes se sentem ofendidos. Dizem que foram à escola para deixar de ser crianças e se tornar adultos. Suas ferramentas são sua prova. A Criança lhes sorri e lhes diz que, naquela escola, eles não passaram. Não podem entrar no Paraíso. Ficaram de DP. "Voltem quando tiverem deixado de ser adultos. Voltem quando tiverem voltado a ser crianças..."

TORNAR-SE CRIANÇA

Aquela estória de S. Pedro à porta do Paraíso com o livro da contabilidade divina nas mãos foi inventada por um agiota. Na verdade, o que acontece é o seguinte. Na porta do Paraíso está aquela Criança que nem consulta livro nem pergunta nada. Só abre um baú enorme, onde estão guardados todos os brinquedos inventados e por inventar, e diz: "Escolha um para brincar comigo!". Quem ficar feliz e souber brincar entra.

VELHICE

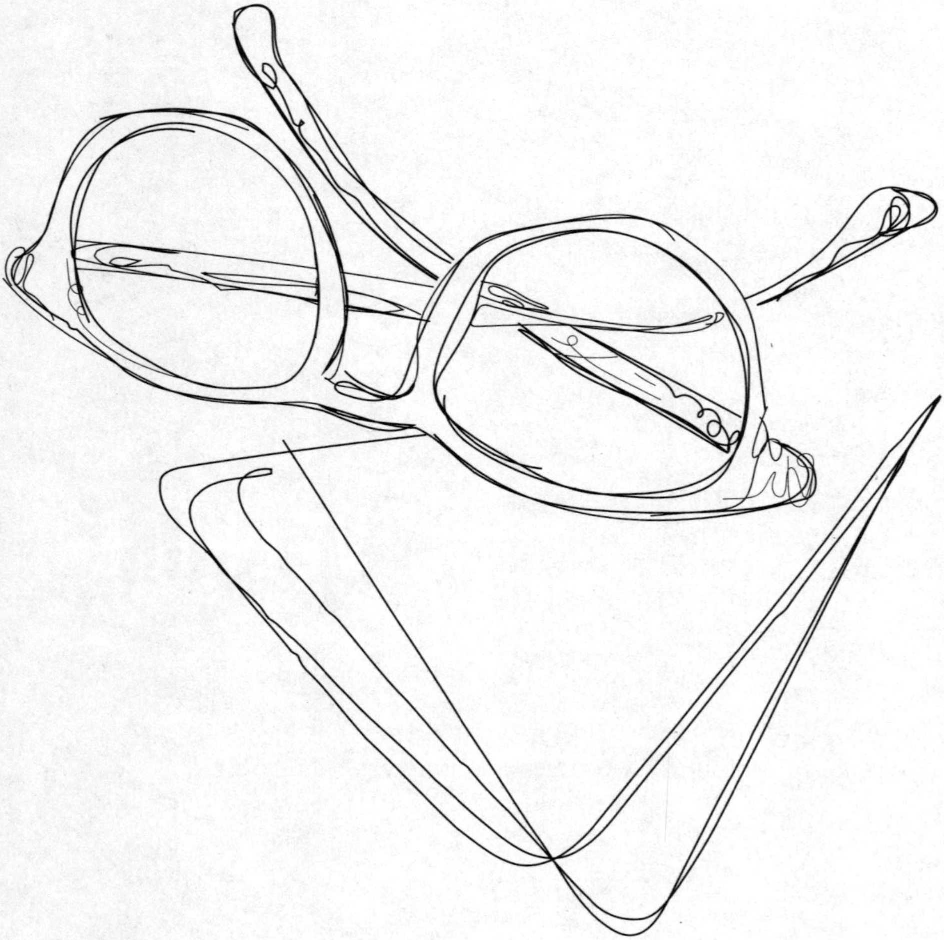

MELHOR IDADE?

Os aeroportos são gentis. Ao chamar os passageiros para o embarque, eles dão preferência às gestantes, às crianças, às pessoas com dificuldade de locomoção, terminando a lista com o delicado título conferido àqueles que pertencem à nobre classe da "melhor idade". Ah! Melhor idade! Os mais fortes, os de pele mais lisa, os mais bonitos, de cabelos mais brilhantes, os de passos mais firmes... Mas basta pensar sobre o sentido das palavras para se dar conta de que se trata de um eufemismo, uma mentira delicada para não humilhar os velhos. Os jovens delicados vestem os velhos com eufemismos... Porque, pra ser verdadeiro mesmo, em vez de chamá-los cidadãos da melhor idade, os alto-falantes deveriam chamá-los de "cidadãos D". Porque é só o fato de haver algo de ruim nessa idade que permite que ela seja batizada com título tão delicado. Falo por experiência própria: envelheci e não melhorei. Piorei. O grau de pioreza da minha idade pode ser medido pela atenção que tenho de aplicar às mínimas coisas que vou fazer. Quando jovem, a atenção vinha embutida naturalmente no corpo. Não precisava pensar. Eu descia uma escada com a mesma rapidez com que um pianista toca uma escala de dó. Corria lépido. Não precisava prestar atenção. O corpo se encarregava dela automaticamente. O corpo tropeçava, caía, ralava, levantava, trombava, corria, carregava pesos, dispensava corrimãos. Hoje, cair é quase ter certeza de uma fratura... O tempo passou. O mundo ficou o mesmo. Mas o meu corpo mudou. E agora tenho de observar atentamente por onde vão minhas pernas, meus pés, minhas mãos, meus olhos. Constantemente.

CAMINHADA

Acabo de voltar de minha longa e cansativa caminhada: uma única volta no quarteirão onde vivo... E não sem cuidadosas precauções. É preciso estar atento aos transeuntes enquanto se anda. Para evitar colisões. Uma colisão entre jovens é apenas uma colisão. Mas, quando é um velho que colide com um jovem ou uma criança, pode acontecer uma fratura... Calçadas são armadilhas, buracos e pedras que desequilibram os pés. Por isso é importante não largar a bengala que, além de contribuir para o equilíbrio, dá, como consolo, um certo ar de dignidade.

ELOGIOS QUE OFENDEM

"Puxa, como você está conservado!" Tradução: "Assombrei-me ao vê-lo. Porque, fazendo as contas, imaginei que a imagem verdadeira para a sua idade fosse outra: rugas, papada, olhos empapuçados, barriga, bunda caída, passos trôpegos. Mas não. Você está liso. Você dorme em formol? Fez plástica? Está se tratando com algum geriatra?"

SOBRE A CRIANÇA NA VELHICE

Um amigo que está sofrendo a tristeza de ir ficando velho me escreveu e fez esta pergunta: "O que fazer para permanecer jovem? O que fazer para, na velhice, continuar a ter o desejo de viver?". Acho que essa é pergunta mais dolorosa que fazem aqueles que se veem envelhecer. É o tema do filme *Morte em Veneza*, baseado no livro de Thomas Mann: um homem maduro, na fronteira da velhice – seus bigodes já estão grisalhos e as rugas marcam o seu rosto –, num hotel de Veneza, vê um jovem adolescente que brinca na praia. Aquela imagem de juventude se apodera dele com uma força insuportável. A imagem do jovem o atormenta e ele dele se enamora. Não tem nada a ver com homossexualidade. Não é isso que está em jogo. Na imagem do jovem ele vê a sua própria juventude perdida. O espelho é um sofrimento. Especialmente quando o espelho são os olhos de uma jovem que se levanta e, com um sorriso, nos oferece o seu lugar no metrô... Continuar a ser jovem sendo velho? Eu acho possível. O apóstolo Paulo, sentindo a mesma coisa, disse: "Embora o nosso homem exterior se corrompa, o nosso homem interior se renova dia a dia". Claro, há coisas que são perdidas, definitivamente. A pele, por exemplo: as rugas, a flacidez, a secura. Mas, com a perda, há ganhos. Na juventude, a pele é a face exterior da musculatura. Ela nada revela, a não ser os músculos. Na velhice, a pele deixa de ser a superfície exterior dos músculos e passa a ser a superfície exterior da alma. Os músculos podem ser obstáculos à manifestação da alma. Na velhice, a pele é o meio através do qual a alma se torna visível. Especialmente o rosto. Livre das intermediações da musculatura, a alma pode então realizar sua função artística de esculpir o rosto. Ela aparece no rosto. Acontece, então, a ocasião para que se realize o prometido pelo evangelista João: "... e o Poema se faz carne". Tudo então vai depender dos poemas que estão guardados na alma. Pois a alma é apenas isto: o lugar onde os poemas estão guardados. E o rosto vai então revelar uma beleza que a juventude não deixava ver. Ou, quem sabe, o inverso, uma feiura que a juventude não deixava ver. Velhice é o tempo da verdade da alma. Os velhos terão rosto de criança se a criança eterna continuar viva dentro deles. E a criança, como disse Zaratustra, é "inocência e esquecimento, um novo início, uma brincadeira, um moto-contínuo, um primeiro movimento, um 'Sim' sagrado..." . As crianças jamais desejam ser aposentadas de ser crianças. O terrível e mortal é quando o homem se aposenta. Não estou me referindo simplesmente ao momento em que não é mais necessário comparecer ao trabalho. Estou me referindo àquele momento quando um homem ou uma mulher atracam o seu barco e se entregam à tola ilusão de, finalmente, ter paz. Mas paz, precisamente, é o que a alma não deseja. A alma deseja o perigo, o desconhecido. A alma é uma águia que ama as alturas, as montanhas geladas, o mar desconhecido, os abismos. A alma é guerreira: "*Pugno, ergo sum*" – luto, logo existo. É preciso que haja sempre uma batalha a ser travada. A paz desejada (o sonho do "Sítio do Vovô") logo se transforma num charco de água parada. A segurança é a mãe do tédio. E no tédio as serpentes chocam seus ovos. "Homens velhos devem ser exploradores, não importa onde... Temos de estar sempre nos movendo na direção de uma nova intensidade, de uma união mais alta, de uma comunhão mais profunda... Nos movendo através de uma desolação escura, fria e vazia: o grito das ondas, o grito do vento, as águas imensas das gaivotas e dos golfinhos: no meu fim está o meu início" (T. S. Eliot). Nikos Kazantzakis é um autor que precisa ser lido. Entre todos os seus livros, todos eles maravilhosos, o que fala mais perto do meu coração é *Zorba, o grego*... Quem viu só o filme nada viu. Tentei ver o filme, pensando que seria igual ao livro, e não consegui chegar ao fim. Acontece que há certas sutilezas na escrita que não podem ser transformadas em imagens. Está relatado que Zorba, velho e doente, ao ver que a morte já estava dentro do seu quarto, levantou-se da cama, foi até a janela, e por longos minutos contemplou com sorriso e silêncio os cenários que se abriam à sua frente, o mundo maravilhoso, ao fundo as montanhas. De repente, pôs-se a relinchar como um cavalo, agarrou-se à janela e disse: "Um homem como eu deveria viver mil anos!". Ditas essas palavras ele caiu morto... Zorba morreu criança.

SOBRE O SEXO E A SAUDADE

Luis Fernando Veríssimo, escritor cujos livros são uma delícia de ler – eu mesmo, quando praticava a psicanálise, me vali muito do exemplo do Analista de Bagé – estava numa feira de livros e fez uma palestra sobre as coisas do seu ofício. Terminada a fala, uma senhora levantou a mão, pedindo licença para fazer uma pergunta. E foi isto que ela perguntou, do lugar onde a sua curiosidade estava: "O senhor, nos seus escritos e falas, frequentemente se refere às coisas do sexo, e o faz com grande propriedade. Eu gostaria é de saber o lugar de onde o senhor tira a sua inspiração...". O escritor se ajeitou na cadeira, hesitou por alguns segundos e respondeu: "Eu tiro a minha inspiração é da saudade...". Todo mundo riu. Não devia. Foi uma resposta de dor, resposta de um velho... A gente sente saudade quando a coisa se foi. Na velhice, ou o sexo já se foi ou está indo... Lembrei-me do meu sofrimento quando compreendi que eu teria de falar a palavra "sessenta" (isso já foi há muito tempo...) quando perguntado sobre a minha idade. Há idades que sugerem aquilo que se tem, e há idades que revelam aquilo que não se tem mais... Tentei me consolar fazendo uma brincadeira que os escritores fazem. Brinquei com a palavra. Sessenta anos... Sexagenário...

Sex-agenário... Anunciei, então, que eu havia entrado na idade do sexo, porque é isso que a palavra sexagenário está dizendo para as pessoas de boa vontade. Mas o tempo é inexorável, devorador dos seus filhos. Aos poucos, ele foi devorando a palavra, e do sex-agenário não sobrou nada. Passou-se, então, para outra idade. Chegado o fim da idade do sexo, se tenta...

VELHICE

Ela já viveu 96 anos. A saúde está perfeita, glicemia, colesterol, pressão. Há os lisos cabelos brancos, as pernas trôpegas, a bengala. Nunca ouvi dela uma lamentação pelas limitações da velhice. Pelo contrário, ela goza intensamente os prazeres que lhe restam, especialmente os prazeres da mesa, os prazeres dos olhos e o prazer dos cachorros. A vida inteira ela amou os cachorros. Um dos seus prazeres moleques é dar secretamente para os cachorros que se assentam ao seu lado pedaços de pão mergulhados no café com leite. Extasia-se com as cores das flores das árvores. Durante a florescência dos ipês-rosas, ela não se cansava de repetir: "Como são bonitos!". Hoje ela viu a lua cheia, enorme, quase branca, redonda. Quando o entusiasmo é demais, ela diz seus sentimentos em alemão. "*Wie die Welt ist doch so schön, aber Ich muss scheiden...*" – como o mundo é belo, mas eu tenho de partir...

MALDIÇÕES DA VELHICE

Chamar a velhice de "melhor idade" é o mesmo que chamar as gestantes de "virgens" e as pessoas com dificuldade de locomoção de maratonistas...

Duas são as maldições da velhice. Primeira: quando não se tem forças para fazer o que se deseja fazer, como subir quatro lances de escada sem perder o fôlego e outras proezas semelhantes. Segunda: quando não o deixam fazer aquilo que você pensa que pode fazer. Quando a boca é proibida de falar o que o coração sente, os olhos falam sem palavras.

SAUDADE INEXPLICÁVEL

Velhice é saudade. Isso explica que haja jovens e mesmo crianças que, tendo vivido só um punhadinho de anos, já são velhos. É que a saudade pode florescer já nas manhãs... Percebi, então, que a velhice não era coisa nova. Ela tinha morado sempre comigo. Eu tinha saudade sempre, mesmo sem saber do quê. Saudade sem saber do que pode parecer contrassenso, pois a saudade é sempre saudade de alguma coisa: de um rosto, de um lugar, de um tempo passado. Você nunca sentiu isso? Uma saudade inexplicável de algo que não sabe o que é? A saudade aparece, então, como tristeza no seu estado puro, sem objeto. Quando você sentir isso, não se aflija. É que os seus olhos estão andando pelos bosques misteriosos onde nasce a poesia. São os bosques da saudade. Todos os poetas já nascem velhos.

ASAS NOS PÉS

Era o mês de junho. Tudo estava bem. Corpo em ordem, musculação, alongamentos, atravessava várias vezes a piscina, e havia as caminhadas na Fazenda Santa Elisa. Eu tinha ido visitar uma muda meio esquecida de um caquizeiro que eu ajudara a plantar como símbolo do triunfo da vida sobre a morte. Naqueles tempos eu tinha asas nos pés. Mas o tempo passou. Junho ficou para trás. Daquele dia de junho até hoje me aconteceram duas grandes cirurgias: estômago e coração. Deu tudo certo, estou vivo graças à competência dos médicos, não sofri, mas não sou mais o mesmo. Definitivamente, não estou vivendo minha melhor idade. Estou fraco.

MEMÓRIAS

PEQUENOS PRAZERES

Um dos meus prazeres é ir a mercados e feiras. Não os mercados modernos, higiênicos, solitários, mas os mercadões antigos, aquela confusão de tipos humanos, confusão de cores e cheiros, confusão de vozes. Numa viagem de turismo é preciso separar pelo menos uma manhã para visitar o mercadão. Mercadões ou feiras são a mesma coisa: pontos de encontro de amigos. As mesmas pessoas estão sempre lá, nos dias e horas certos. Pois logo que me aposentei, faz vários anos, encontrei-me com um desses amigos de feira que me disse: "Cuidado! Quem se aposenta morre logo!".

BEIJOS

Os beijos nos filmes mudos, na década de 1920, eram mais emocionantes. Notem, eu disse emocionantes, não disse excitantes. E isso porque o beijo requeria dos dois parceiros um conhecimento de artes marciais, em especial do judô. Era assim: o homem e a mulher estão juntos, um diante do outro. Aí o homem avança a sua perna direita pelo lado direito da mulher, até ultrapassá-la. Em seguida, usando seus quadris como ponto de apoio de uma alavanca interfixa, aplica-os firmemente à parte exterior do quadril direito da mulher. Ato contínuo, usando o braço direito, abraça a costela esquerda da mulher, exercendo pressão sobre ela, ao mesmo tempo que executa um movimento de tronco no sentido da sua esquerda, provocando o desequilíbrio da mulher num movimento de gangorra, sobre o apoio do quadril. Desequilibrada, a mulher começa um movimento de queda para a sua direita, movimento esse que tem de ser interrompido pelo braço esquerdo do homem. Esse movimento provoca um desvio do centro de gravidade do sistema de forças que, se não for compensado, irá provocar a queda dos dois. Sabendo disso, o homem faz avançar vigorosamente a sua perna esquerda, restabelecendo-se, assim, o equilíbrio do sistema. Nesse momento, a mulher está apoiada na coxa esquerda do homem, que segura sua cabeça também com a mão esquerda. Foram assim executados os movimentos marciais preliminares necessários para se atingir a posição do beijo. O homem, de cabelo empastado com brilhantina, dá um beijo rápido, sem língua, na boca da mulher que, a seguir, desfalece de emoção. Disse que os beijos eram mais emocionantes. E isso porque a atenção dos espectadores ficava toda concentrada no espetáculo de judô, alavancas, pontos de apoio, equilíbrios, desequilíbrios, aflitos ante a possibilidade de que os dois caíssem no chão. Mas se isso acontecesse o beijo deixaria de ser emocionante e passaria a ser excitante. Porque beijar no chão é outra coisa... Pra se dar um beijo, naqueles tempos, era necessário fazer um curso de física mecânica.

FUTEBOL

Minha indiferença ao futebol, exceto quando o Brasil está jogando, tem sido causa de muitos embaraços, e cheguei mesmo a levar esse problema à minha psicanalista: "Por que é que todo o mundo se entusiasma com futebol, e eu, não?". Ela me sugeriu que, com certeza, deveria haver algum trauma infantil não resolvido no início dessa perturbação. Sugeriu-me entregar-me às associações livres, que eu me deixasse levar pelas minhas memórias da mesma forma como os urubus se deixam levar pelo vento.

Voei. E eis que, de repente, uma cena traumatizante me apareceu. Era um campo de futebol de roça, um pastinho. Dois times estavam jogando. Meu irmão me levara até aquele lugar. Eu nada entendia do que estava acontecendo, todos aqueles homens em calções correndo para chutar uma bola. Tudo estava acontecendo sem maiores percalços quando, de repente, veio pela estrada de terra um cavaleiro conduzindo uma vaca. A vaca, vendo aquele alvoroço – a bola que era chutada pra lá e chutada pra cá –, resolveu entrar no jogo: arremeteu contra a bola, cabeça abaixada como os touros na arena. Os jogadores e o juiz fugiram espavoridos. Muitos subiram em árvores. Eu, menino pequeno, não conseguiria subir em uma. Meu irmão, para me salvar, arrastou-me até um chiqueiro cheio de porcos peludos e colocou-me lá dentro. Ele ficou de pé na segunda tábua da cerca do chiqueiro, apreciando, de uma posição segura, o desenrolar do futebol bovino. A vaca, não contente em chifrar a bola, dispunha-se a chifrar tudo o que se movesse. Mas eu, dentro do chiqueiro, nada via, a não ser aqueles porcos peludos que grunhiam grunhidos que eu desconhecia. Fiquei com muito medo. Minha primeira experiência com o futebol foi, assim, uma experiência "animar". Minha analista, comovida com meu relato, concluiu que minha indiferença ao futebol se devia a essa experiência, em que o jogo aparece ligado a uma vaca desembestada e a porcos malcheirosos. De fato, por vezes uma partida de futebol termina em tourada, e há situações em que os jogadores se revelam como que movidos por espírito de porco.

FOLHEANDO A ESMO

No livro *Ten Poems to Set You Free* [Dez poemas para torná-lo livre], deparei-me com este poema de Miguel de Unamuno, que fez bem à minha alma e me animou. Talvez faça o mesmo com você...

> "Sacuda para longe essa tristeza e renove o seu espírito;
> Com moleza você nunca verá a roda do destino
> Que limpa o seu calcanhar à medida que você caminha.
> O homem que deseja viver é o homem em que a vida é abundante.
> Do jeito como você está, você está apenas alimentando aquela dor final
> Que vagarosamente vai enrolando você nas redes da morte.
> Mas viver é trabalhar.
> A única coisa que permanece é a obra.
> Comece então. Volte-se para o trabalho.
> Lance-se como semente no seu próprio campo à medida que você anda.
> Não desvie o seu rosto porque isso seria fazê-lo olhar para a morte.
> E não permita que o passado esmoreça o seu andar.
> Ponha sementes vivas nos sulcos que o arado faz na terra

E guarde as coisas mortas em você mesmo.
Pois a vida não se movimenta como um bando de nuvens.
Pelo seu trabalho você será capaz, um dia, de reunir os seus pedaços..."

NUNCA TE VI, SEMPRE TE AMEI...

Dentro da cratera de um vulcão que se extinguiu há 500 milhões de anos, no alto de uma montanha de Minas de onde se vê muito longe, eu planto árvores para meus amigos mortos e para meus amigos que vão morrer. Para o meu amigo Ladon Sheats plantei uma árvore que se chama "liquidambar". A pequena muda cresceu muito e hoje é uma árvore com mais de seis metros de altura. O estranho nessa amizade é que nós nunca nos vimos. Ouvi sua voz uma vez apenas, ao telefone. Eu estava nos Estados Unidos e o chamei de um telefone público. Conversamos. Eu, livre para voar e ir para onde eu quisesse. Ele, pássaro engaiolado cumprindo pena numa penitenciária. Agosto de 1976. Chega-me dos Estados Unidos um bilhete escrito numa folha de bloco cortada ao meio:

"Caro Rubem Alves: Seus pensamentos no livro *Tomorrow's Child* têm tido uma profunda influência sobre a minha vida. A sua capacidade de sintetizar... a clareza com que você se exprime são dons muito bonitos. Por isso sou-lhe muito agradecido. Afetuosamente, Ladon Sheats."

O signatário não dizia quem era. Fiquei com o bilhete na mão, sem saber o que pensar. Alguns dias depois, recebi carta de um amigo com as explicações.

"Esse bilhete foi escrito de uma prisão em Alexandria. Ladon Sheats está cumprindo uma sentença por haver participado de uma demonstração contra as armas nucleares acontecida no Pentágono."

Pondo em ordem minhas velharias, aquele bilhete voltou-me às mãos. Gesto de amizade de um homem encarcerado. Encarcerado porque fora fiel à sua consciência. Minhas mãos tocam aquele bilhete como se fosse uma coisa sagrada. O prisioneiro me escrevia só para dizer "obrigado" por um livro que eu escrevera. Mas ao escrevê-lo jamais poderia imaginar que ele, o livro, iria para a prisão. Ele, o prisioneiro, havia levado a sério o que eu escrevera, mais do que eu mesmo. Mas quem era esse homem?

Ladon Sheats fora um cidadão norte-americano tradicional. Foi membro do SAC, Strategic Air Command, a sinistra organização da força aérea norte-americana que controlava os bombardeiros e mísseis atômicos a serem lançados contra a União Soviética. Fora do SAC, chegou a ser vice-presidente de marketing da IBM.

Mas de repente seus olhos se abriram e ele tomou consciência da monstruosidade daquela máquina de morte. Fez então aquilo que muitos místicos loucos – Buda, Jesus, São Francisco – já haviam feito: deixou tudo, demitiu-se da IBM, vendeu o que possuía e juntou-se a um grupo de pessoas que haviam escolhido uma estranha forma para exprimir suas convicções espirituais: invadiam pacificamente as instalações nucleares onde se guardavam os mísseis com bombas atômicas, sabendo que isso as levaria à prisão. Invadiam para ser presos. Era o seu jeito de tornar pública a sua repulsa àquela loucura. Tivemos, então, uma longa correspondência. Vou transcrever alguns trechos de suas cartas:

Eles haviam acabado de cumprir um mês de prisão por terem invadido um lugar onde estavam os silos atômicos, próximo à fronteira do Canadá. Saídos da prisão, resolveram fazer tudo de novo. A primeira pena fora muito branda... Aí ele me contou o que fizeram enquanto se preparavam para a segunda invasão:

"Durante o fim de semana, nós nos entregamos a uma farra – salada de aspargos e espinafres frescos, pizza, cerveja, etc., etc., e longas caminhadas na frescura da primavera. A madrugada do dia 27 foi fantástica. Estávamos tão agradecidos por poder voltar ao lugar dos mísseis... localizado tão próximo a uma reserva de vida animal onde abundavam garças azuis, gansos canadenses, veados e miríades de criaturas da terra e do céu. Ficamos então de pé sobre as tampas de concreto que cobriam os mísseis... cantando, lendo as Sagradas Escrituras e textos do seu livro *Creio na ressurreição do corpo,* que um casal havia descoberto durante seu último período de prisão. Os seus pensamentos alimentaram nossos espíritos, Rubem. Você estava lá conosco. Pensando na sua imagem do corpo como uma pipa e cantando um hino – foi assim que "pulamos o muro", em comunhão com os 'quero-queros' que voavam livres entrando e saindo do lugar proibido onde se encontravam os mísseis. Os seus pios soaram como se fossem ecos à nostalgia que havia em nossos corações..."

Por essa segunda transgressão, receberam uma pena de seis meses. Ao final desses seis meses ele me escreveu:

20 de novembro, 1986: "Rubem, numa questão de poucas horas minha jornada me levará para além dessas grades... para uma noite de inverno quando eu alegremente poderei sorrir para as estrelas pela primeira vez desde maio. Irei de ônibus para o Texas para a celebração dos 78 anos de vida do meu pai. [...] Depois do Texas tudo é incerto. Pode ser que eu vá para Pittsburg para

ajudar num abrigo para os sem-teto... ou para um mosteiro no alto das Montanhas Rochosas para me alimentar de silêncio e solidão. Qualquer que seja o meu caminho, a música é a mesma. Como disse o poeta russo Ievguêni Ievtuchenko: 'Não é possível não dançar'. Rubem, você tem planos de vir a este país em 1987? Eu dou risadas só de pensar que os nossos caminhos poderão se encontrar..."

(Sem data) "... É uma tarde fria, tempestade de neve... que me deixa apenas a alternativa de ficar em casa... mas não sozinho. *Bach: Greatest Hits* me faz companhia (quantas centenas de vezes eu ouvi aquele álbum?)... e as nuvens do incenso que sobem... chamando para esse quarto uma multidão de pessoas queridas... memórias de tempos passados. E, não obstante... há uma enorme área vazia no meu coração – 'Jesus: alegria dos desejos dos homens' ... sim... sim... – mas não é verdade que existe também uma inescapável solidão nessa 'alegria do desejo'?

Sinto uma dúvida crescente sobre a paixão de Jesus. Certamente muito do que se diz foi inventado depois que as coisas aconteceram, você não concorda?

'Não a minha vontade, mas a tua' – isso parece ter sido copiado de um texto de teatro... Você acredita nisso? Esse texto falsifica o que aconteceu, que, para Jesus, tinha de ser muito doloroso... a escuridão do não saber. Duvidar de Deus... Mas onde estão as partituras para essas canções de amor que nos convidam a cantar? O amor está no meu coração... Eu sinto dentro de mim uma profunda conexão de tudo isso com a vida. No entanto... como é que vamos cantar as notas? Onde está a coreografia para essa dança?"

"Fiquei à janela essa manhã... Fiquei observando a presença do sol iluminando os céus escuros atrás das árvores envoltas em múltiplos lençóis de neve.. Por quanto tempo ele tem estado lá... sorrindo... milhões de manhãs de sábado, e eu vi um coelhinho... pulando e pulando nessa luz que nascia. E um plátano solitário brilhando com reflexos cor-de-rosa... Senti o calor do plátano me queimando e penetrando nos meus ossos... plátanos que, em tempos passados, enchiam essas montanhas..."

(Nota: Traduzi por plátano mas, na realidade é "aspen", uma árvore não conhecida no Brasil e que é abundante nas Montanhas Rochosas.)

"Esse foi um ano duro para mim, Rubem. Estive preso na maior parte do verão e da primavera pelo crime de orar nos lugares das trevas. Minha última presença orante... foi numa base da força aérea em Dakota do Sul, onde bombas atômicas são guardadas prontas para ser colocadas em bombardeiros B-1. Fui então para a Geórgia do Sul para cuidar de um velho amigo que estava morrendo de câncer... para que ele pudesse realizar o seu desejo de morrer na sua casa. Foram meses duros, Rubem, mas também cheios com as memórias preciosas desse meu amigo, que cresceu à sombra da escravidão vivendo como "meeiro" na lavoura... O Tom tinha uma fé forte e sua tranquila aceitação da morte me é uma fonte de inspiração."

"Depois de meses de tensão, estou de novo de volta às Montanhas Rochosas... nesse vale que amo... onde há um mosteiro trapista. Por mais de dezoito anos tenho sido amigo desse pequeno grupo de doze monges. Não tenho interesse algum em monasticismo, mas eu amo esse vale por suas oportunidades de silêncio e solidão. Na próxima semana vou caminhar pela neve, subindo a montanha até um planalto bem no alto, para uma semana de silêncio e solidão. Sim, a mesma cabana onde estive no ano passado, de onde lhe escrevi logo depois. Lá vou ouvir uma vez mais a música do futuro."

Passados meses, recebi uma carta de uma mulher que eu não conhecia. Escrevia-me a pedido de Ladon Sheats. Ele estava morrendo e lhe pedira que me escrevesse. Câncer, e recusava-se a qualquer tratamento. Desejava morrer como tinha vivido, livre e sem medo. Mandava-me um recado de "adeus". Escrevi-lhe então contando-lhe que iria plantar uma árvore para ele, num lugar de silêncio, onde ela, a árvore, pudesse contemplar as montanhas ao longe. Disse-lhe quanto o amava. E que sentiria saudades. Disse-lhe também quanto admirava seu jeito de viver, sua integridade, sua coragem, seu amor à solidão. E despedi-me com um abraço apertado, dizendo que em breve nos encontraríamos.

Numa de suas cartas, ele me dissera que marcharam para os silos atômicos cantando o hino "The Lord of the Dance". Era o seu hino preferido. Esse hino nasceu de um pequeno grupo religioso chamado Shakers, que existiu no século 19 na Nova Inglaterra. O que há de curioso sobre esse grupo é que seus cultos eram orgias de dança!

O nome original da canção é "Simple Gifts", dádivas singelas. Faz anos, visitando a aldeia onde os Shakers viviam, na Nova Inglaterra, comprei um CD de "Simple Gifts", de total simplicidade. Flauta e violão. Esse tema é tão simples e tão bonito que tem sido usado em vários contextos musicais.

Aaron Copland, compositor norte-americano, fez desse hino o tema do penúltimo movimento da sua peça sinfônica *Appalachian Spring*. Mas esse tema ganhou reconhecimento universal com o espetáculo de dança *The Lord of the Dance* (há em DVD) e a performance fantástica do bailarino Michael Flatley. Na abertura do show, uma ninfinha toca o tema numa flauta doce...

Imaginei que vocês, meus leitores, poderiam ficar curiosos acerca da letra desse hino. Tentei traduzir. Ficou feio, sem rima e sem métrica. Então vou contar com as minhas palavras a estória que ele conta.

É a estória de Jesus, de um jeito diferente, um deus dançarino! Dançou na manhã em que o mundo começou. Dançou com o Sol, com a Lua e as estrelas... E achando que o melhor lugar para dançar era a Terra, deixou o céu onde vivia pra viver entre nós... Mas há muitos que não gostam de dançar. São duros de cara feia. Dançou no dia santo e curou um aleijado. Os santarrões fecharam a cara e disseram que era pecado. Quem não gosta de dançar é o Diabo, tipo sério que só gosta de velórios. Resolveu matar o dançarino e pulou nas suas costas. Mas, mesmo assim, o Senhor da Dança dançou e sobre a morte triunfou. Porque a dança é a vida que volta sempre. Assim, diz o refrão, dance, dance, não importa quem você seja. Da dança eu sou o Senhor. E sou eu que vou lhe ensinar a coreografia de amor...

Sempre que ouço a canção "The Lord of the Dance", seja no CD *Simple Gifts*, seja no *Appalachian Spring*, seja na menina que toca a flauta doce, eu me lembro do Ladon Sheats.

A árvore está lá na montanha em Pocinhos do Rio Verde, subindo para os céus. Sempre que vejo o liquidambar eu me lembro do Ladon Sheats, um homem que nunca vi, mas que sempre amei...

FIGURINHA

Eu, menino, tinha grande prazer em ver figuras. Nos tempos da minha infância, livros de figura não se encontravam prontos para ser comprados nas livrarias. Eu mesmo fiz um álbum de figuras. Era um caderno grande no qual fui colando figuras de cachorros. Minha mãe não gostava de cachorros. Nunca pude ter um. Tinha inveja dos meninos que tinham. Fazendo o álbum de cachorros eu realizei, de alguma forma, o meu desejo.

CONVERSA SEM JEITO

Pode ser que minha memória me falhe – amigos vêm me advertindo de que estou repetindo coisas que já disse. Os velhos vão ficando de memória fraca – há, inclusive, uma triste e curiosa doença da memória, ela guarda o que foi dito há muitos anos e não guarda o que foi dito alguns segundos antes... Lembro-me de uma conversa com minha tia Cecília, já velha. Era uma conversa sem jeito porque ela ficava repetindo perguntas que havia feito há menos de um minuto, mas sua memória se esquecera não só da pergunta como também da resposta, e era inútil responder, porque a mesma pergunta seria feita de novo – até me esqueci do que queria dizer, o que talvez seja uma prova de que meus amigos estão certos...

REFLEXÕES

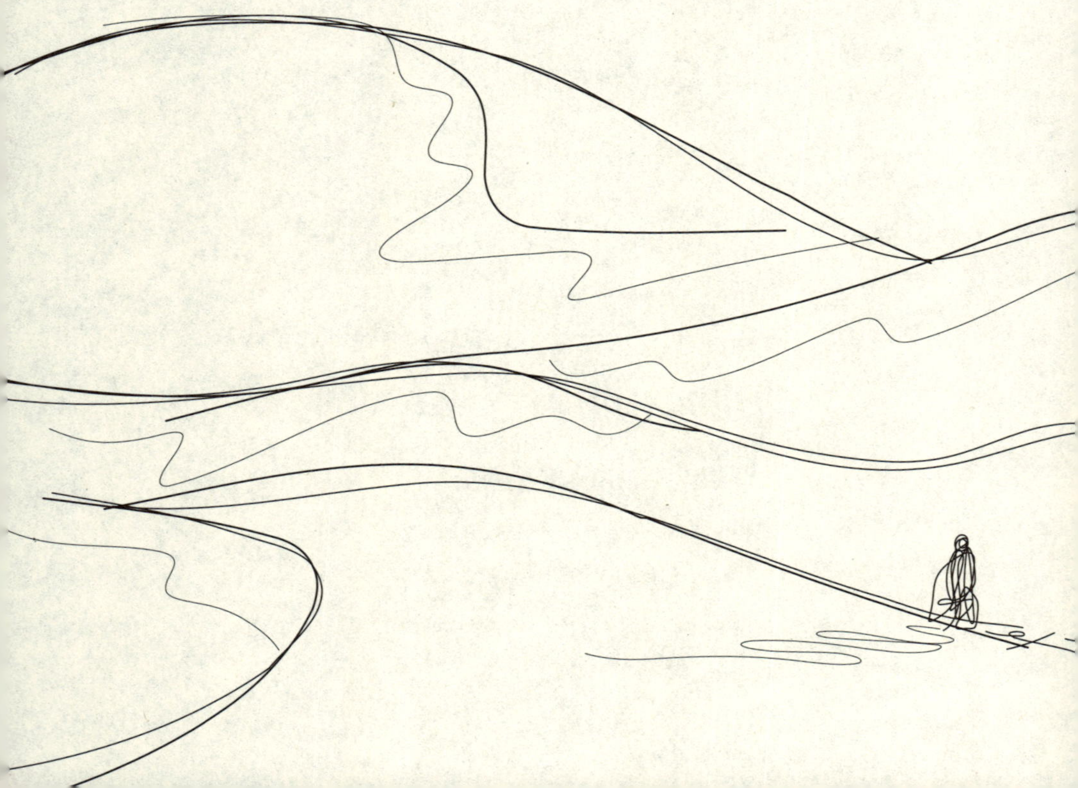

FILOSOFIA DO GATO

Olho para o meu gato e medito. Medito teologias. Diziam os teólogos de séculos atrás que a harmonia da natureza deve ser o espelho onde os seres humanos devem buscar suas perfeições. O gato é um ser da natureza. Olho para o gato como um espelho. Não percebo nele nenhuma desarmonia. Sinto que devo imitá-lo.

Camus observou que o que caracteriza os seres humanos é a sua recusa a ser o que são. Eles não estão felizes com o que são. Querem ser outros, diferentes. Por isso somos neuróticos, revolucionários e artistas. Do sentimento de revolta surgem as criações que nos fazem grandes. Mas nesse momento eu não quero ser grande. Quero simplesmente ter a saúde de corpo e de alma que tem o meu gato. Ele está feliz com a sua condição de gato. Não pensa em criações que o farão grande.

Deitado ao lado do aquecedor (que manhã mais fria!), ele se entrega, sem pensar, às delícias do calor macio. Nesse momento, ele é um monge budista: nenhum desejo o perturba. Desejos são perturbações na tranquilidade da alma. Ter um desejo é estar infeliz: falta-me alguma coisa, por isso desejo... Mas para o meu gato nada falta. Ele é um ser completo. Por isso ele pode se entregar ao calor do momento presente sem desejar nada. E esse "entregar-se ao momento presente sem desejar nada" tem o nome de preguiça. Preguiça é a virtude dos seres que estão em paz com a vida.

Por pura brincadeira escrevi um livrinho sobre demônios e pecados. Os demônios continuam soltos pelo mundo do jeito como sempre estiveram. Só que agora fazem uso de disfarces. Até se rebatizaram com nomes diferentes, científicos. Lidando com os demônios, usei palavras filosóficas e psicanalíticas de exorcismo. Lidando com os pecados, usei palavras éticas de condenação.

Tudo ia muito bem até que cheguei ao pecado da preguiça. Preguiça é fazer nada. Nossa tradição religiosa nada sabe da espiritualidade oriental do taoísmo que faz do "fazer nada", "wu-wei", a virtude suprema.

E aí, então, aquilo que deveria ser uma condenação do pecado da preguiça virou um elogio às delícias e virtudes da preguiça.

Alguém disse que preferia os gatos aos cachorros porque não há gatos policiais. Policiais existem para fazer cumprir a lei, o dever. Dentro de mim, desgraçadamente, mora aquele cão policial a que Freud deu o nome de "superego": ele rosna ameaças e culpas todas as vezes em que me deito na rede.

Meu gato, na sua imperturbável preguiça, me dá uma lição de filosofia. Não me dá ordens. Ele deve ter aprendido do *Tao Te Ching*, que diz que o homem verdadeiramente bom não faz coisa alguma...

Estou velho e quero que me seja dado o privilégio de me entregar à filosofia do meu gato: fazer nada. Com consciência limpa repetir com Fernando Pessoa: "Ai que prazer não cumprir um dever. Ter um livro para ler e não o fazer...".

Assim, proponho que se acrescente aos direitos humanos já escritos, um outro, para os velhos: "Todos os velhos têm o direito à felicidade da preguiça". Pois, como o Riobaldo disse: "Ah, a gente, na velhice, carece de ter sua aragem de descanso...".

Assim, "vou descansar meu fardo no chão,
À margem do rio...
Não vou mais me preocupar com a guerra...
Vou pôr no chão minha espada e meu escudo,
À margem do rio..."

CEGUEIRA

Meu filho subia a pé a montanha nos Andes que leva a Machu Picchu. Três dias de caminhada. A excursão chegou a um ponto de descanso de onde se descortinava um lindo panorama, montanha após montanha até o vale lá embaixo, muito longe. Todos se entregaram à contemplação da beleza. Transformaram-se em olhos apenas. Menos uma jovem, que se encostou numa árvore e se pôs a ler um livro, desinteressada do cenário. Há pessoas que só aprendem a ouvir quando ficam surdas. Outras que só aprendem a ver quando ficam cegas.

PARAÍSO

Místicos e poetas sabem que o Paraíso está espalhado pelo mundo – mas não conseguimos vê-lo com os olhos que temos. Somos cegos. O zen-budismo fala da necessidade de se "abrir o terceiro olho". Repentinamente, a gente vê o que não via! Não se trata de ver coisas extraordinárias, anjos, aparições, espíritos, seres de um outro mundo. Trata-se de ver este nosso mundo sob uma nova luz.

RAZÃO E CAOS

Hegel escreveu, no prefácio à *Fenomenologia de espírito,* que o triunfo da razão é uma orgia bacanal na qual nem um dos participantes está sóbrio.

"Digo-lhes: é preciso ter caos dentro de vocês mesmos a fim de dar à luz uma estrela dançante. Digo-lhes: vocês ainda têm caos dentro de vocês. Ai, o tempo está chegando quando o homem não mais dará à luz uma estrela dançante..." (Nietzsche)

SOPA DE OLHOS

Entre todos os horrores que vi nos filmes do Indiana Jones, o que mais me repeliu foi uma sopa, maravilhoso e apetitoso caldo vermelho fumegante, onde flutuavam não cebolas, nabos ou tomates, mas globos oculares: sopa de olhos. Mas o meu horror foi apaziguado por meio de uma meditação teológica. Se não nos horrorizamos com a refeição canibalística sacramental, na qual o corpo inteiro do próprio Filho de Deus, através da magia da transubtanciação, é servido e comido, com todas as suas partes, inclusive os olhos, não há razão para nos horrorizarmos com um cerimonial em tudo semelhante, só porque, em vez do corpo todo, apenas os olhos estão sendo servidos. Jesus disse que os olhos são as lâmpadas do corpo. Concluímos, então, que quem come os olhos está se alimentando de luz, da luz que sai do outro. Comer os olhos é participar de uma refeição na qual se servem luzes e cores. Bachelard me estimula a ser ousado como ele. Comentando a coleção de quadros que Chagall pintou para ilustrar a Bíblia, ele disse o seguinte: "Quando, em minha solidão de leitor, meditava sobre o Livro Santo, a voz era tão forte que eu nem sempre enxergava o profeta. Olhando agora as pranchas desta bela coletânea, leio o livro de outro modo. Chagall, esse vidente, desenha a voz que fala. Chagall colocou luz em meu ouvido". Pois eu quero dizer que comer os olhos eucaristicamente é colocar luz na boca, comer as cores, sentir o sabor daquilo que antes só dava prazer aos olhos. Ofereço os meus olhos. Ofereço as luzes e as cores que moram neles. O arco-íris é belo e saboroso.

COMER

Ludwig Feuerbach, filósofo alemão, disse: "Somos o que comemos". Vou acrescentar: "Somos 'como' comemos". O jeito de comer revela a alma. No restaurante: era evidente que os dois, marido e mulher, haviam brigado. Estava evidente na forma como comiam. Ele, olhos fixados no prato, movimentos rápidos de mastigação, de garfo e faca. Havia ódio no seu comer. Era óbvio que ele tinha intenções antropofágicas. Ela comia vagarosamente, como se não quisesse comer, o olhar perdido nas pessoas nas outras mesas mostrando de propósito uma total indiferença pela raiva do marido.

VITÓRIA

Seu lugar é o pódio. Imaginemos que todos os velocistas dos cem metros rasos tenham acreditado na promessa de que "o seu lugar é o pódio", pois não está dito que querer é poder? Mas para todos eles irem para o pódio é preciso que todos os corredores rompam a fita de chegada ao mesmo tempo, até nos centésimos de segundo.

IDEIAS FORTES

Nos tempos em que eu praticava a feitiçaria chamada psicanálise, estava atendendo uma paciente e ela disse:

"É, eu tenho ideia fraca..."

Num tom de brincadeira, interferi:

"Alto lá! Nesta sala somente eu tenho ideias fracas..."

Ela ficou espantada e não entendeu.

Aí eu expliquei: "Eu penso as mesmas coisas doidas que você pensa...".

Levantei-me e a chamei para ver um quadro de Hyeronimus Bosch, *Jardim das delícias*. É uma loucura completa. Cenas inimagináveis, infernais. De onde Bosch tirou aquelas coisas medonhas? De dentro de sua própria cabeça. Quer dizer: a cabeça de Bosch era um hospício. Mas ele não era louco. Era um artista, pintor. Ele não era louco porque suas ideias eram "fracas". Ele sabia que as ideias não eram coisas. Só existiam na sua cabeça. Agora, se ele pensasse que suas ideias eram realidade, então ele seria doido.

"Eu penso as mesmas coisas estranhas que você", continuei. "Mas sei que são só pensamentos, nuvens brancas levadas por uma brisa. Sou dono deles. E com eles eu faço literatura da mesma forma como Bosch fez pintura surrealista. Mas os seus pensamentos são fortes. As nuvens brancas se transformam em nuvens negras, e chove, com trovões e relâmpagos, e você fica toda molhada. Você não é dona deles. Eles são mais fortes que você... Você fica 'possuída' por eles..."

FUMAR

Parar de fumar aos poucos é o mesmo que parar de ser infiel à esposa aos poucos...

AUTOAJUDA

Um dos livros de autoajuda mais antigos é *Como fazer amigos e influenciar pessoas*, de Dale Carnegie. O livro está cheio de receitas e pequenos truques para que os leitores façam mais amigos e consigam influenciar pessoas. Os conselhos dados, penso que funcionam. Mas penso que outro livro precisa ser escrito: *Como espantar amigos e afugentar pessoas*. Porque é isso que muitas pessoas fazem, sem se aperceber do que estão fazendo. Vão aí duas amostras. Primeira: você se encontrou com uma pessoa simpática. Quer conversar com ela. O primeiro assunto que lhe vem à cabeça é o seu filho. Aí você começa a falar sobre o seu filho maravilhoso, passando do filho para o netinho maravilhoso. Seu filho e seu netinho podem ser, realmente, maravilhosos. Mas a outra pessoa não tem razões para estar interessada neles. Ou porque também tem filhos e netos maravilhosos ou porque não tenha nem filhos nem netos, caso em que achará você uma tonta.

Segunda: você acaba de regressar de uma viagem de turismo à Finlândia. Claro, levou sua câmera, instrumento indispensável para provar que esteve lá. E tirou mais de quinhentas fotografias, em todas elas o seu rosto sorridente. Um amigo solteirão, cansado de solidão, resolve visitá-lo para um papo e um uísque. Aí você tira da gaveta as quinhentas fotos... Asseguro-lhe que, se ele tivesse sabido com antecedência do sofrimento que o aguardava, teria preferido ir ao cinema. O mesmo vale para álbuns e vídeos de formatura e casamento. Lembre-se: fotografias e vídeos só dão prazer a quem participou.

CENTRO DE GRAVIDADE

Faz alguns anos descobriram numa baía da Suécia um famoso navio chamado Wasa. Ele emborcou logo depois de ter sido lançado ao mar; estava leve demais. Por isso é preciso pôr "lastro" no navio e é preciso ficar agachado no fundo da canoa para ela não virar. Uma caravela que o Brasil fez para comemorar os quinhentos anos do descobrimento não pôde navegar por perigo de emborcar. Os portugueses de quinhentos anos atrás sabiam mais que nossos engenheiros navais. Isso sobre o que escrevi, de ficar agachado no fundo de uma canoa ou de pôr lastro no fundo da caravela, tem a ver com um conceito científico sem o qual não se constrói navio: centro de gravidade. Com o centro de gravidade no lugar certo, o sonho de navegar pode ser realizado.

CARRO DE BOIS

Por favor, o senhor não me leve a mal, sei que suas intenções são as melhores, mas acontece que sou mineiro, preso muito às coisas de antigamente, quero que elas sobrevivam, fazem parte do meu corpo, e esse é o caso do carro de bois, sobre o que já escrevi várias coisas; menino, era uma felicidade ver o carro de bois chegando, a gente corria atrás e se aboletava, na frente o carreiro conduzindo os bois com o seu ferrão, atrás os bois caminhando pachorrentamente, humilhados de cabeça baixa, conformados com o seu triste destino, e o eixo gemendo música dolorida... Eu disse "o" eixo, no singular, porque carro de boi, por razões da geometria e da física, só pode ter um eixo com duas rodas. Carro de boi com dois eixos e quatro rodas quebra. Por que é assim? Eu lhe pergunto: para garantir que todos os pés de um tamborete estejam assentados no chão, quantos pés ele deve ter? A resposta é fácil: três. Geometria: três pontos definem um plano. Tamborete de três pés está sempre assentado. Tamborete de quatro pés pode ficar manco. Basta um desnível no chão... Veículo de quatro rodas precisa de estrada boa, plana. Acontece que carro de boi foi feito para caminhos que nem são estradas, esburacados. Por isso, para não mancar, só têm três pontos de apoio: as duas rodas e os bois. Os artesãos de antigamente não eram bobos... Sabiam ciência e geometria. Mas o senhor, com a melhor das intenções, para ilustrar seu restaurante de nome tão bonito, "Carro de boi", pediu que um artista fizesse um desenho... Mas ele era um homem de cidade... Nunca viu um carro de bois e, pior, não se deu ao trabalho de procurar uma fotografia. E ele desenhou um carro de bois de quatro rodas. Não existe. Não me leve a mal. Eu só quis ajudar. É que amo os carros de bois porque eles fazem parte da minha alma. Olhando para um carro de bois de quatro rodas, eu começo a mancar...

A LÍNGUA DAS MARIPOSAS

Sugiro que você retire numa locadora de vídeos o filme *A língua das mariposas*. É só beleza, até quase o fim, quando os brutos entram em cena. A ditadura de Franco, na Espanha. Mas acontece o mesmo em todos os lugares. O que impressiona não é a brutalidade dos brutos. É o que o medo faz com as pessoas. Medo todo mundo tem. Mas os fracos se agacham, escondem-se. Falam baixo, olhando para os lados. Fecham portas aos amigos perseguidos, fingem que não os conhecem. Os amigos viram perigo. Se batem à porta, logo perguntam: "Será ele? É melhor não abrir. Fazer de conta que não há ninguém em casa...". Mas há aqueles que se sentem em casa com os brutos. Tornam-se delatores. Delatando, sentem-se participantes do poder dos tiranos. Beijam-lhes as mãos. Adulam. Lustram-lhes as botas. Aconteceu também no Brasil. Os seres humanos são iguais em todas as partes do mundo. O filme *A língua das mariposas* mostra o que a ditadura de Franco fez com as pessoas. Até com as crianças. É a estória da amizade entre um menino e um velho professor, até que foi interrompida...

SOCIEDADE

Há muitos anos – mais de trinta – que me recuso a pertencer a qualquer sociedade. Groucho Marx disse certa vez: "Eu nunca aceitaria ser sócio de um clube que me aceitasse como sócio...". De acordo.

FALAR

Há um princípio para o falar que tento obedecer, mas não consigo. No entanto, acho-o absolutamente correto: "Só fale se sua fala for melhorar o silêncio". Se a sua fala não melhorar o silêncio, é preferível ficar calado, para que o silêncio seja ouvido. Estou me exercitando nesse princípio e acho que estou falando cada vez menos. Até se queixam de mim como sendo má companhia em festinhas alegres.

FOME

Se Deus não ficar bravo comigo, proponho um acréscimo às palavras de Jesus, no Sermão da Montanha: "Bem-aventurados os que têm fome porque serão fartos". "Bem-aventurados os que estão fartos porque eles terão fome de novo!" Pois poderá haver desgraça maior que deixar de ter fome? Estar farto, não ter mais fome, é o tédio, o enfado, a impotência. Quem não tem fome está condenado a não ter alegria.

Os filósofos trataram de determinar quais são as categorias fundamentais do pensamento, as mais famosas sendo as de Aristóteles e as de Kant. Mas o corpo do nenezinho, que nada sabe e que nenhuma palavra fala ou entende, já sabe que as coisas do mundo se dividem em duas categorias apenas. Primeira, a classe das coisas gostosas que devem ser degustadas e engolidas. Segunda, a classe das coisas que não são gostosas e que devem ser cuspidas ou vomitadas. Essas são as duas categorias fundamentais da sapiência.

A criança brinca com o seio. Seio é mais que leite. É brinquedo. Chupar dá prazer: início dos nossos impulsos antropofágicos! Esse desejo infantil vai nos acompanhar pelo resto da vida.

Os poetas são cozinheiros pretensiosos que se esforçam por transformar o universo em banquete.

Amor e fome são a mesma coisa. Nada mais triste para uma cozinheira que o convidado sem apetite. "Não tenho fome." Ou aquele que diz: "Já estou satisfeito". Quem diz "não tenho fome" está dizendo "não quero mais fazer amor com você".

Diz o ditado que "o melhor da festa é esperar por ela". Há prazeres que moram no tempo da espera. Num verso alegre, sem a tristeza do verso do Chico, posso dizer que "saudade é fazer comida para o filho que vai chegar". Ai que saudade boa! É prazeroso preparar o prazer.

GANDHI

Os caminhos da morte são rápidos. Por eles andam os que têm pressa. Já os caminhos da vida são vagarosos. É preciso caminhar na esperança. Matar o inimigo é muito fácil. Mas transformá-lo num amigo é coisa difícil e incerta, que requer muita coragem.

As pessoas ficam irracionais diante da multidão enraivecida. Mas, quando estão sozinhas, são capazes de sentimentos ternos e chegam a brincar com os velhos e as crianças. Enganamo-nos quando confundimos as pessoas com seus atos. Ninguém é idêntico àquilo que faz. É só isso que nos permite odiar o pecado e amar o pecador.

O JARDIM DO VELHINHO

Era uma vez um velhinho simpático que morava numa casa cercada de jardins. O velhinho amava os seus jardins e cuidava deles pessoalmente. Na verdade, fora ele quem o plantara – flores de todos os tipos, árvores frutíferas das mais variadas espécies, fontes, cachoeiras, lagos cheios de peixes, patos, gansos, garças. Os pássaros amavam o jardim, faziam seus ninhos em suas árvores e comiam dos seus frutos. As borboletas e abelhas iam de flor em flor, enchendo o espaço com as suas danças. Tão bom era o velhinho que o seu jardim era aberto a todos: crianças, velhos, namorados, adultos cansados. Todos podiam comer de suas frutas e nadar nos seus lagos de águas cristalinas. O jardim do velhinho era um verdadeiro paraíso, um lugar de felicidade. O velhinho amava a todas as criaturas e havia sempre um sorriso manso no seu rosto. Prestando-se um pouco de atenção, era possível ver que havia profundas cicatrizes nas mãos e nas pernas do velhinho. Contava-se que, certa vez, vendo uma criança sendo atacada por um cão feroz, o velhinho, para salvá-la, lutou com o cão, e foi nessa luta que ganhou suas cicatrizes. Os fundos do terreno da casa do velhinho davam para um bosque misterioso que se transformava numa mata. Era diferente do jardim, porque a mata, não tocada pelas mãos do velhinho, crescera selvagem como crescem todas as matas. O velhinho achava as matas selvagens tão belas quanto os jardins. Quando o sol se punha e a noite descia, o velhinho tinha um hábito que a todos intrigava: ele se embrenhava pela mata e desaparecia, só voltando para o seu jardim quando o sol nascia. Ninguém sabia direito o que ele fazia na mata, e estranhos rumores começaram a circular. Os seres humanos têm sempre uma tendência para imaginar coisas sinistras. Começaram, então, a espalhar o boato de que o velhinho, quando a noite caía, se transformava num ser monstruoso, parecido com lobisomem, e que na floresta existia uma caverna profunda onde o velhinho mantinha, acorrentadas, pessoas de quem ele não gostava, e que o seu prazer era torturá-las com lâminas afiadas e ferros em brasa. Lá – assim corria o boato –, o velhinho babava de prazer vendo o sofrimento dos seus prisioneiros. Outros diziam, ao contrário, que não era nada disso. Não havia nem caverna, nem prisioneiros, nem torturas. Essas coisas existiam mesmo era só na imaginação de pessoas malvadas que inventavam os boatos. O que acontecia era que o velhinho era um místico que amava as florestas e ele entrava no seu escuro para ficar em silêncio, em comunhão com o mistério do universo. Quem era o velhinho, na realidade? Você decide. Sua decisão será um reflexo do seu coração.

VIDRAÇA

Algumas pessoas olham através da vidraça, discutem sobre uma casa que estão vendo, ao longe. Uma das pessoas diz que aquela casa é habitada por um nobre de hábitos aristocráticos e conservadores. Outra diz o contrário, que lá mora um operário, membro do sindicato, revolucionário. Uma terceira diz que os dois primeiros estão errados: ele vê a casa, mas a casa está vazia. Ninguém mora nela. Ela está vazia. Pedem a minha opinião. Eu me aproximo, eles apontam através do vidro, na direção da casa. Olho, olho, e concluo que alguma coisa deve estar errada com os meus olhos. Eu não vejo casa alguma. O que vejo são os reflexos do meu próprio rosto, nos vidros da vidraça.

POLÍTICOS

Os políticos, acostumados a usar o poder das armas, desconhecem o poder das sementes.

RI MELHOR QUEM RI PRIMEIRO

A melhor maneira de afugentar o ridículo é ser o primeiro a rir.

SOMBRAS QUE PROTEGEM

Os deuses cruéis têm seus olhos permanentemente abertos, sem pálpebras. Não se fecham nunca. Neblinas e nuvens, ao contrário, são generosas: elas são uma recusa de ver e de dizer; elas abrem um espaço vazio de silêncio. E, assim, as tímidas criaturas que moram dentro de nossos mares e florestas aparecem, protegidas pelas sombras.

CIDADANIA

A primeira coisa da cidadania é saber conviver, mansamente, com os outros que moram na mesma cidade. A mansidão de uma população se mede especialmente no tráfego. O comportamento dos motoristas revela sua alma. Campo Mourão, Paraná, é cidade que me espantou. Os motoristas sabem que os pedestres têm prioridade, sempre. As ruas são, em primeiro lugar, dos pedestres. Carro trafega por permissão. Nas faixas para os pedestres, essas zebras pintadas no asfalto, os motoristas param sempre para os pedestres, com ou sem sinal vermelho. Eu estava em Genebra com uns amigos. O reverendo Gerson Meyer, morador de lá, era o guia. Uma avenida larga, carros passando em ambas as direções. O reverendo Gerson não teve dúvidas: esticou o seu braço para a frente na horizontal e todos os carros obedeceram. Pararam. Lá os pedestres mandam. Lembrei-me de Moisés esticando o braço e fazendo as águas do mar se abrir para o povo passar a seco. Campinas é tristeza. Tráfego selvagem. Pedestre atravessando, motorista acelera. Quando a gente para pra deixar um pedestre passar, ele refuga, com olhar incrédulo. Não acredita. Carro tem prioridade, passa primeiro. Os pedestres que se cuidem!

MEU NOME

Uma jovem de sorriso bonito e que se chama Camila ficou intrigada com o meu nome, Rubem, no singular, sem "s". Perguntou-me se havia razão. Respondo: até meus sete anos, meu nome era Rubens Augusto Azevedo Alves. Foi assim que meus pais quiseram que fosse. Esse "Augusto", homenagem a um tio-avô muito querido, médico, espírito de luz. Uma vez, em São Paulo, batendo papo com um motorista de táxi, ele me disse que havia nascido em Macuco e eu lhe disse que minha família era de perto, Lavras. "Lavras?", ele perguntou espantado. "Cidade de um espírito de luz que faz curas espirituais, o dr. Augusto Silva..." "É meu tio...", eu disse. Aí, na escola, pediram a certidão de nascimento. É preciso provar que nasceu. Para efeitos burocráticos, quem não tem certidão não nasceu, não existe. E o que estava escrito era "Rubem", sem "s" e sem "azevedo". O que os meus pais quiseram não vale. Vale o que o funcionário do cartório escreveu. Mas eu me acostumei, embora muitas pessoas insistam em me chamar de "Rubens", o que quer dizer que elas nunca leram uma coisinha minha, o que me dá grande tristeza...

DIABETES

Minha amiga Tomiko dedica-se à arte de envelhecer. É gerontóloga. Por isso, frequenta lugares onde só velhos vão. Compareceu a uma reunião de uma sociedade de diabéticos e hipertensos e percebeu que o problema mais sério é que as pessoas não sabem o que é a doença, especialmente as mais humildes. Pediu-me, então, para escrever um texto sobre o diabetes pra qualquer pessoa entender. Aí vai ele:

Eu sou diabético. Doença danada igual ao cupim. O cupim entra na madeira e vai comendo por dentro, roendo, fazendo túneis, esburacando. Do lado de fora, a gente não percebe. Aí chega um dia em que a madeira vira farelo.

Assim é o danado do diabetes. Os sintomas quase não aparecem, do jeito mesmo como acontece com o cupim. Por não ter sintomas, a gente acha que tudo está bem. Mas o cupim, escondido, está roendo.

Diabetes não tem cura. É doença crônica. Doença crônica é uma doença que requer cuidados até a morte. Mas não se apoquente. A vida também é doença crônica que exige cuidados até a nossa morte. Todo dia você tem de comer, beber, respirar...

O diabetes é uma perturbação no sistema de transporte do sangue. O sangue não consegue transportar o açúcar para o seu destino, que são as células. O trenzinho que transporta o açúcar para as células tem o nome de insulina. Açúcar é vida para elas. Como o trenzinho está emperrado, o açúcar fica girando em falso, sem chegar ao seu destino. É por isso que a taxa de glicemia, isso é, da quantidade de açúcar no sangue, sobe.

Se você se cuidar, os cupins não conseguirão fazer o seu trabalho. São três os cuidados básicos.

Tome os remédios que o médico manda. Não vá acreditar no que dizem os sabichões que palpitam que diabetes se cura com chá de não sei o quê. É mentira. Temos de nos valer dos remédios da farmácia.

É preciso manter o tráfego de açúcar desimpedido. Muitas das coisas que comemos, mesmo que não sejam os deliciosos doces e bombons, se transformam em açúcar quando entram na circulação. Batatas, pastéis, macarrão, mandioca, feijão, pão (pão com manteiga é tão bom!), cerveja, uísque. Não é para você parar de comer essas delícias. É só comer menos e com cuidado. Se você comer em demasia, o tráfego fica entupido, a glicemia vai para as alturas. Sei que é difícil, mas aprenda a comer menos. Para ganhar forças nessa disciplina terrível, lembre-se de Gandhi! Ele jejuava sempre. E teve boa saúde até o fim da vida. Comer pouco faz bem à saúde. Seu estômago, acostumado a comilanças, vai protestar e roncar. Quando isso acontecer, faça um lanchinho: um naco de queijo e uma fruta. Com o tempo, você vai se acostumar. Emagreça. Gordura e diabetes andam de mãos dadas. Agora, se você quiser morrer antes da hora, continue a comer como sempre comeu. O diabetes adora os gulosos! Morrer não é nada. O terrível é quando é preciso amputar uma perna ou vem a cegueira.

Caminhar todo dia, se possível. Pelo menos quarenta e cinco minutos. As caminhadas ajudam a diminuir o açúcar no sangue, além de dar uma sensação gostosa no corpo.

É uma bela manhã. Medi meu diabetes no aparelhinho. Não gostei do número que apareceu. Já tomei o meu remédio e agora saio para uma caminhada. A vida é boa. Longa vida é o que desejo para você e para mim.

SUFLÊ

Uma paciente, meditando um dia sobre o destino das mulheres, disse: "É como o suflê. Os médicos dizem que é climatério, menopausa. Eu digo que é 'a hora do suflê'"... Até ali, as carnes haviam se comportado com relativa elegância: os poderes do ar lhes davam leveza e faziam-nas levitar. Poderes do ar, sim. Pois suflê vem do francês *souffler*, assoprar... Suflê é feito com clara batida. E clara batida são milhares de minúsculas garrafinhas cheias de ar. São essas garrafinhas de ar que dão ao suflê a sua qualidade fofa e aérea. Mas, repentinamente, as forças telúricas ficam mais fortes, e "tudo o que no ar flutuava começa a pesar". E cai. Nem é preciso dizer o nome das partes que caem nem descrever o seu estado flácido e murcho. E os homens: não existe uma "hora do suflê" para eles também?

Ao final do coito, o homem perde o seu pênis. A mulher, ao contrário, ao final do coito, engorda.

A hora do suflê é a hora do pânico generalizado. Dietas, cremes de algas marinhas, sabonetes de tartaruga, tinturas de cabelo, limpezas de pele, academias de ginástica, cirurgias plásticas, cintas, acupuntura, próteses... Tudo inútil.

Não há maneira de reencher o suflê que afundou. O jeito é dar risada quando ele arria. E é bom que se saiba que suflê arriado, mesmo não sendo tão bonito quanto o outro, se servido com temperos de humor e risada, é muito gostoso de comer...

Haveria visitas para o jantar. A Tofa, cozinheira, caprichou: preparou um maravilhoso suflê. Mas, ao sair do forno, ele tomou um golpe de vento frio e murchou. A Tofa ficou desesperada. Seu jantar estava arruinado. Resolveu valer-se de recursos heroicos. Foi até o quintal e cortou um canudinho de mamão que enfiou cuidadosamente no suflê e pôs-se a soprar suavemente. O milagre parecia estar acontecendo. O suflê encheu, subiu, parecia ressuscitado. Mas foi só tirar o canudinbo para que ele voltasse a ser o que era... O fato é que não há formas de consertar suflê que afundou. O remédio foi servi-lo murcho como se encontrava...

A psicanálise costuma dizer que as mulheres sofrem de "complexo de castração" porque algo lhes falta. Equívoco total. Quem sofre essa dor é o homem. É ele que sempre perde o pênis ao final do ato sexual. Com o que elas não têm, podem ter quantos quiserem do que o homem tem.

Coito é coroação seguida de decapitação.

POR CAUSA DA MULHER

A aparência bruta, os músculos moldados pelos halteres, as estórias de proezas sexuais, a produção visual de acordo com os padrões masculinos: todos estes são artifícios de um ser amedrontado diante do mistério fascinante da mulher.

"Tão fraca, tão frágil – e, no entanto, é diante dela que vou me revelar! Será ela que revelará se eu sou comida capaz de matar a sua fome..."

Os que não sentem ansiedade são aqueles que não entendem, semelhantes aos cachorros: ainda não ouviram a notícia. Dentro em breve, a sua carne os surpreenderá com o recado. O suflê arria. E daí para a frente eles estarão permanentemente perdidos.

Agora me digam: as deusas tinham necessidade de fazer tal maldade com os homens?

ABISMO

Quando o tempo passa, saímos das planícies e nos dependuramos sobre os abismos. Quem nunca se pendurou sobre o abismo não compreende a beleza dos campos. Pois, como diz Rilke, "o belo é o grau do terrível que ainda suportamos e admiramos porque, impassível, desdenha destruir-nos...". Mansos como as árvores a cuja sombra as vacas mastigam, selvagens como as árvores que se dependuram sobre o abismo...

CORAÇÃO

A mulher havia perdido um seio. Chorando, ela abraçava o marido, sentindo-se mutilada na sua feminilidade e beleza. Como poderia continuar a ser amada pelo marido? O marido a aperta carinhosamente contra o peito e lhe diz: "De agora em diante, ao abraçar você, o meu peito estará mais perto do seu coração...".

PATOLOGIAS

O interesse das patologias é que elas frequentemente não passam de traços comuns das pessoas ditas normais, aumentados por meio de uma lupa. A patologia, assim, serve-nos como um espelho. As grandes bizarrices da patologia são nossas pequenas bizarrices vistas em zoom... Como é o caso do homem que assistiu a um concerto, e o que mais o impressionou foi a calva do clarinetista... Às vezes eu tenho a impressão de que a especialização científica pode produzir um efeito semelhante: os cientistas se tornam especialistas nas partes e as conhecem com grande precisão. Mas ficam perdidos quando se trata de ver o "rosto" da realidade. Na verdade, nem mesmo reconhecem o seu próprio rosto quando o veem no espelho.

SONHO

O sábio adormeceu debaixo de uma árvore e sonhou. Sonhou que era uma libélula que dormia num galho daquela árvore. A libélula que dormia, sonhava... Sonhava que era um sábio que dormia debaixo daquela árvore. O sábio com que a libélula sonhava, sonhava também. Sonhava que era uma libélula que dormia num galho daquela árvore... Desde esse dia, o sábio nunca chegou a uma conclusão. Tinha sempre a suspeita de que ele era o sonho de uma libélula. Assim, a qualquer momento, quando a libélula acordasse, descobriria que ele não era um sábio. Era o sonho de uma libélula... Seremos nós sonhos ou pesadelos dos deuses? Um dia os deuses acordam...

A CULINÁRIA DE MARX

Num momento de inspiração poética, Marx reconheceu o parentesco entre a política e a jardinagem. E disse que no guerreiro mora a esperança de quebrar as correntes para que a flor viva possa ser colhida.

Em suas *Teses sobre Feuerbach*, Marx disse o seguinte: "Os filósofos têm somente interpretado o mundo, de várias formas; mas o que importa é transformá-lo". Minha tradução culinária dessa tese: "Os filósofos têm somente se dedicado a ver o mundo, de várias formas; mas o que importa é comê-lo". O cru deve ser submetido à culinária. A culinária de Marx tinha o nome de política. Política é a cozinha – fogo, panelas, facas e garfos – na qual os famintos fazem a sua sopa.

RISO

Chegara ao fim um ano de atividades como professor de ética no Union Theological Seminary, em Nova York. No dia seguinte eu deveria voltar e provavelmente nunca mais veria a maioria dos alunos e alunas que haviam se tornado meus amigos. Um após outro vinham se despedir no meu escritório. Chegou então uma jovem, longos cabelos dourados, sardenta, decote ousado, pele clara, que me disse:

– Rubem, eu sonhei com você...

Olhei para ela por alguns segundos em silêncio, com olhar interrogativo, tomado por aquela declaração: "Eu sonhei com você...".

Aí, antes que eu dissesse qualquer coisa, ela me revelou o sentido do seu sonho: "Sonhei que você era um palhaço...".

Não foi uma ofensa. A imagem do palhaço, ridícula no dia a dia, tem um lugar de honra entre os hereges da filosofia.

Octavio Paz, prêmio Nobel de Literatura, descreve a missão do sábio como a missão do palhaço: "fazer rir". "Os verdadeiros sábios não têm outra missão que aquela de nos fazer rir por meio de seus pensamentos e de nos fazer pensar por meio de seus chistes."

BUFÃO

E Kolakowski chega a ponto de sugerir uma "filosofia do bufão", o riso tendo o poder mágico de produzir aquilo que os filósofos zen denominavam satori, iluminação.

"A filosofia do bufão é a filosofia que, em cada época, denuncia como duvidoso aquilo que parece ser inabalável. Declaramo-nos a favor da filosofia do bufão – aquela atitude de vigilância negativa frente a qualquer absoluto. Declaramo-nos a favor dos valores anti-intelectuais inerentes numa atitude cujos perigos e absurdos conhecemos muito bem. É uma opção por uma visão de mundo que oferece possibilidades para uma reorganização vagarosa e difícil daqueles elementos que, em nossa ação, são os mais difíceis de serem organizados: bondade sem que isto signifique tolerar tudo, coragem sem fanatismo, inteligência sem apatia, e esperança sem cegueira. Todos os outros frutos da filosofia são de importância secundária."

Nietzsche, se não me engano, foi o grande mestre do riso. Com o que Nietzsche concordava. Muito do seu uso iconoclasta das imagens pode ser entendido como gozação, o seu jeito de dizer que o rei está nu. De toda verdade que não é acompanhada por um riso "pelo menos deveríamos dizer que é falsa". E, ao final de um denso poema em que fala sobre a sua diferença, ele se resume: "*Sou apenas um bufão!* Sou apenas um poeta!". É fácil confundir o bufão com o louco ou com um tolo. Foi o que o velho eremita disse ao se encontrar com Zaratustra quando descia da montanha onde passara dez anos de solidão:

"Esse viandante não me é estranho; muitos anos atrás ele passou por esse caminho. Ele se chamava Zaratustra. Mas ele mudou. Naquele tempo tu levavas tuas cinzas para as montanhas;

e agora tu levas teu fogo para os vales? Não tens medo de ser punido como incendiário?"

O PALHAÇO E O ERUDITO

Os palhaços são punidos pelo riso que provocam. A punição de Nietzsche foi o seu exílio da *comunidade acadêmica.* Roupas e jeitos de palhaço não combinam com os jeitos e as vestes acadêmicas dos eruditos. Um professor da universidade de Berlim, movido por bons sentimentos, escreveu-lhe dizendo que ele deveria tentar um estilo diferente, porque ninguém leria coisas como as que ele escrevia. Seus companheiros eram as crianças. Ele escreveu:

"Enquanto eu dormia um carneiro comeu as minhas vestes acadêmicas – comeu e disse: 'Zaratustra não é mais um erudito'. Disse e solenemente se afastou com orgulho. Uma criança me contou. 'Mudei-me da casa dos eruditos e bati a porta ao sair. Por muito tempo a minha alma assentou-se faminta à sua mesa. Não sou como eles, treinados a buscar o conhecimento como especialistas em rachar fios de cabelo ao meio. Amo a liberdade. Amo o ar sobre a terra fresca. É melhor dormir em meio às vacas que em meio às suas etiquetas e respeitabilidades.' Gosto de me deitar onde as crianças brincam, ao lado da parede caída, entre cardos e popoulas vermelhas. Para as crianças eu ainda sou um erudito, e também para os cardos e papoulas. Eles são inocentes até mesmo em sua malícia. Mas para o carneiro eu não mais sou um erudito; assim o meu destino o decreta – bendito seja!"

"Sou muito quente, queimado pelos meus próprios pensamentos; frequentemente eles quase me deixam sem fôlego.

Tenho, então, de ir para fora, longe de todos os quartos empoeirados. Mas eles se assentam frios na sombra fria: em tudo eles desejam ser meros espectadores e cuidam de não se assentar onde o sol queima o lugar por onde se anda. Como aqueles que ficam nas ruas e observam as pessoas que passam, eles também esperam e observam os pensamentos que outros pensaram. Se a gente os agarra com as mãos deles sai uma nuvem de poeira como a que sai dos sacos de farinha, involuntariamente; mas quem adivinharia que a poeira deles vem do grão e do deleite amarelo dos campos de verão? Quando eles posam como sábios, seus pequenos epigramas e verdades me congelam: a sua sabedoria frequentemente tem um cheiro como se ela viesse dos pântanos; na verdade, eu até ouvi rãs coaxando de dentro dela. Eles são habilidosos e têm dedos espertos; por que razão haveria minha simplicidade de desejar estar perto da sua multiplicidade? Os seus dedos entendem tudo o que seja tecer, tricotar e dar nós: é assim que eles tricotam as meias do espírito."

Num lugar do *Ecce Homo,* Nietzsche escreveu uma frase latina como se fosse seu programa filosófico existencial: "*Ridendo dicere severum*", rindo, dizer as coisas sérias...

BOBO DA CORTE

Em tempos antigos, segundo consta, quando os reis se reuniam com seus ministros graves e sérios, havia o Ministro do Riso, chamado bobo da corte. Essa expressão "bobo da corte" é enganosa. Porque a palavra "bobo", na linguagem comum, indica um tolo que não entende o que se diz e que fala coisas sem sentido. Mas o "bobo da corte" é uma pessoa com a inteligência afiada para cortar as tolices das falas solenes das reuniões dos ministros. O bobo da corte é aquele que mostra a nudez e a vergonha do poder. Assim, como medida de proteção, ele tinha direitos que não eram dados a nenhum dos ministros sérios. Ele tinha permissão para fazer piadas sobre o próprio rei.

"Não é com o ódio que se mata, mas com o riso." (Nietzsche)

SENTIMENTOS

QUANDO EU GOSTO, EU DIGO

Acho que já contei essa história. Não tenho certeza. Minha memória me trai. De qualquer forma, as repetições são bem-vindas. Todo compositor repete os seus temas. Tudo o que comove deve ser repetido. Foi assim. Passava diariamente à frente da minha casa uma moça. Teria seus vinte anos. Ela tinha um defeito na sua perna, o que a fazia mancar. Da janela da minha casa, protegido pelas cortinas, eu a observava. Seu rosto era bonito. E me dava uma vontade imensa de atravessar a rua, ir até ela e lhe dizer: "Acho você muito bonita...". E, sem esperar resposta, voltar depressa para minha casa. Nunca o fiz, por medo. Medo de que ela não me entendesse. Fico a pensar: "Por que temos medo de dizer a uma pessoa que gostamos dela?". Minha mãe, imagino que ela gostasse de mim. Mas ela nunca me disse. Nem o meu pai. Teria sido tão bom se ela me abraçasse e dissesse: "Meu filho, como eu gosto de você!". Dirão que não é preciso. Discordo. É preciso. Escrevi uma carta para meu irmão mais velho que começava assim: "Meu querido irmão Ismael...". Ele me respondeu espantado: "É a primeira vez na minha vida que alguém me chama de querido". E ele já estava nos seus 75 anos de idade! Resolvi que não vou ficar atrás da cortina, espiando. Quando eu gosto, eu digo.

VAZIO DA SAUDADE

A saudade é flor que só floresce na ausência. É nela que se dizem as orações suplicando aos deuses a graça da repetição da beleza. E é só para isto que existem os deuses: para garantir o retorno do belo.

O que meu coração deseja não é navegar para o futuro. O futuro é o desconhecido. E por mais que eu dê asas à minha imaginação, não consigo amar o que não conheço. Pode ser que ali se encontrem as coisas mais maravilhosas – mas, como eu nunca as tive, não posso amá-las. Não sinto saudades delas. A saudade é um buraco na alma que se abriu quando um pedaço nos foi arrancado. No buraco da saudade mora a memória daquilo que amamos, tivemos e perdemos: presença de uma ausência.

PRAZER

Talvez "prazer" não seja a melhor palavra. Melhor seria alegria! A diferença entre prazer e alegria? O prazer só existe na presença do objeto e cessa na sua ausência. O prazer de comer um caqui precisa de um caqui. O prazer de um abraço precisa do corpo da pessoa amada. Na ausência do caqui ou do corpo não existe prazer. Mas alegria é um sentimento manso que não depende da presença do objeto. Ela existe no preparo da comida – antes que o filho chegue. Só uma memória faz sorrir. O corpo humano se alimenta também de ausências.

TRISTEZA

Tristeza é isto, quando o belo e a despedida coincidem. O que revela o nosso próprio segredo, dilacerados entre o belo, que nos tomaria eternamente felizes, e os nossos braços, curtos demais para segurá-lo.

O pôr do sol é triste porque nos conta que somos como ele: infinitamente belos em nossas cores, infinitamente nostálgicos em nosso adeus. A tristeza é o espaço entre o belo e o efêmero, de onde nasce a poesia.

Brinco com a minha tristeza como quem cuida de uma amiga fiel...

"O homem que primeiro plantou uma árvore à cuja sombra nunca se assentaria foi o primeiro a esperar o Messias." (Buber)

CIÚME

Amor é bibelô de louça. Ciúme é a consciência de que o objeto amado não é posse: bibelôs quebram fácil. Por isso, o amor dói, está cheio de incertezas. Discreto tocar de dedos, suave encontro de olhares: coisa deliciosa, sem dúvida. E é por isso mesmo, por ser tão discreto, por ser tão suave, que o amor se recusa a segurar. Amar é ter um pássaro pousado no dedo.

AUSÊNCIA

A alegria, na ausência, tem o nome de saudade. É amarga, por causa da ausência. É feliz pela esperança do reencontro. A moqueca começa como uma saudade culinária.

A eucaristia é uma celebração de uma ausência: há um convidado ausente; sua cadeira está vazia. Deus é a presença de uma ausência. Na ausência do objeto amado, a comida dá prazer, mas o que dá alegria é o sonho.

FELICIDADE

Felicidade é recuperar a coisa amada que tinha sido perdida.

OBJETIVO DA VIDA

Digo que este é o objeto da vida: prazer... Haverá algo melhor? O trabalho? Mas o objetivo do trabalho é o jardim que se planta, ou a casa que se constrói, ou o livro que se escreve... Ou será a ciência? Os cientistas de outros tempos sabiam que a única finalidade da ciência era aliviar o sofrimento e tomar possível a construção do paraíso... A revolução social? Mas para que é que se fazem as revoluções? Não será, por acaso, para pôr fim às ferramentas de sofrimento, para que assim as pessoas possam ser livres para usufruir o jardim?

ADEUS PARA O AMOR

Ciúme é a dor no coração ao ver a pessoa amada dando adeus, na fantasia. A cena do pássaro voando é dilacerante. Porque, no ciúme, ele voa para outro...

Ciúme não é falta de confiança na pessoa amada. Confio que a pessoa amada nunca me trairá com o seu corpo: conheço o seu caráter. Mas não posso confiar nos seus sentimentos. Não somos donos dos sentimentos: eles se encontram além da nossa vontade.

PROMESSAS

Promessas são palavras que se dizem para engaiolar o futuro. Dentro das promessas há sempre um pássaro engaiolado.

Posso prometer atos: proteção, companhia, cuidado. Não posso prometer sentimentos. "Sei que vou te amar, por toda a minha vida eu vou te amar..." É lindo, mas não é verdade.

Atos futuros podem ser prometidos. Sentimentos só podem ser cantados no presente.

TIRIRICA

A "Desiderata" – um texto sapiencial – diz que o amor "renasce tão teimosamente quanto a tiririca". Tiririca, você sabe, é praga de jardim. Quando uma tiririca aparece, o jardim está perdido. Não adianta arrancar. Ela vai aparecer em outro lugar. Assim é o amor.

LUZ

Há um ser pornográfico que se desnuda sem pudor sob a luz do sol a pino. Mas há um outro ser que foge do excesso de luz. É o ser amoroso. O amor precisa da luz das velas. O ser erótico prefere despir-se com pouca luz.

ANDROGINIA

O segredo do amor é a androginia: somos todos, homens e mulheres, masculinos e femininos ao mesmo tempo.

LAGOA ENCANTADA

"Que é que amo quando te amo?" Te amo, sim, mas não é bem a ti que eu amo. Eu te amo porque no teu corpo um outro objeto misterioso se deixa ver. Teu corpo é lagoa encantada onde reflexos nadam como peixes fugidios... Te amo pelos peixes encantados que nadam no teu corpo.

METÁFORA

A paixão se recusa a saber que o rosto da pessoa amada presente apenas sugere o obscuro objeto do desejo ausente. A pessoa amada é metáfora de uma outra coisa. O amor nasce, vive e morre pelo poder da imagem poética que o amante pensou ver no rosto da amada...

MEMÓRIA POÉTICA

Amamos a bela cena antes de amar a pessoa. É por isso que santo Agostinho dizia, em suas *Confissões*: "Antes que te conhecesse eu já te amava". Somos amantes muito antes de nos encontrarmos com a mulher ou com o homem que será o objeto do nosso amor. Somos como a criancinha que já ama o seio mesmo antes do primeiro encontro. Sua memória poética sabe que ele existe.

FOTO

A morte pode ser a eternização do amor. O apaixonado sofreria menos com a morte da pessoa amada que com a sua partida para um novo amor. Quem mata por amor age como um fotógrafo que fixa a imagem amada numa foto.

LUZ DAS VELAS

O amor prefere a luz das velas. Talvez porque seja isto tudo o que desejamos de uma pessoa amada: que ela seja a luz suave que nos ajude a suportar o terror da noite. Sob a luz do amor que ilumina modesta e pacientemente, o escuro já não assusta tanto.

NARCISISMO

O prazer (curto) se transforma em alegria quando, além do prazer que o corpo sente (coisa narcísica), a alma ouve as palavras que moram dentro dos olhos: "Como é bom que você existe.

O universo inteiro fica luminoso, por sua causa. Vou chorar quando você se for. Terei saudades. Ficarei com um pedaço arrancado de mim. Será triste. Tristeza que não abandonarei por nada, pois ela marca a sua presença, que se foi". Não, não é o prazer que se sente no corpo, é a alegria que se sente na alma. A gente se sente bonito. O outro é um espelho onde nos contemplamos, e nos seus olhos a nossa imagem se transfigura, e é como se fôssemos deuses. Não há prazer no corpo que resista a um espelho mau. A madrasta da Branca de Neve que o diga.

FAZENDA SANTA ELISA

Eu vou à Fazenda Santa Elisa pra rezar. Do meu jeito. Meu jeito de rezar é fechar a boca e parar de pensar a fim de ouvir o que a natureza fala. Para mim, rezar é ser todo sentidos: ver, ouvir, sentir os perfumes, sentir os "toques". Alberto Caeiro escreveu um verso que é mais ou menos assim: "Por esse ruído da brisa nos meus ouvidos valeu a pena o universo ter sido criado...". Os deuses já não suportam mais a nossa tagarelice tola e loquaz. Dizemos sempre as mesmas coisas.

Ouço Beethoven. Surpreendi-me alegremente. Eu nunca o havia percebido desse jeito. Beethoven sempre me parecia uma figura trágica regendo um mar em fúria. Mas agora ouço uma "escocesa", três rondós e "Para Elisa" – carta a Elisa. É tudo brincadeira. Vejo Beethoven no centro de uma praça, tocando piano, e a criançada ao seu redor, brincando.

A psicoterapia gestáltica prescreve um exercício para nos tranquilizarmos. É assim. Pode ser feito em qualquer lugar. Onde quer que você esteja, diga para si mesmo: "Aqui e agora...". Aí você completa a frase com algo que está sentindo. (Note: o que você está sentindo com o corpo, não com o que você está pensando com a cabeça.) O objetivo é precisamente este: livrar-se dos pensamentos. "Pensar é estar doente dos olhos", disse Alberto Caeiro.

Aqui e agora ouço o canto do bem-te-vi. Aqui e agora estou vendo as copas das árvores movidas pelo vento. Aqui e agora estou sentindo um cheiro bom de pão saído do forno. Aqui e agora ouço o riso das crianças que brincam. Sempre "aqui e agora". Porque é no aqui e no agora que a nossa vida está acontecendo.

Minha catedral favorita é feita por duas árvores gigantescas, pés de lixia. Devem ser muito velhas. Seus galhos se misturam e vão até o chão. Formam um vasto espaço vazio. Gosto de me encostar a um galho grosso – quando o abraço, apenas consigo tocar as pontas dos dedos. Ali não se ouve nada dos ruídos do mundo. Ao seu lado há um pé de seriguela. Comi dos seus frutos moleques faz um mês.

Os quero-queros e as corujinhas se agitam quando me aproximo. Começam a gritar. A corujinha desaparece na sua toca e os quero-queros vão dando o alarme: "Um homem vem aí, um homem vem aí...".

Ouço a gritaria das maritacas, centenas. As maritacas são como adolescentes. Não cantam, como os sabiás. Gritam. Todas ao mesmo tempo. Nenhuma escuta o que a outra está dizendo. E não importa pra onde voam, porque o que importa é o agito...

Entro por um caminho onde está a assombrosa árvore de quinze troncos. Não disse quinze galhos. Quinze troncos, todos eles saindo do chão.

Depois é um flamboyant, com sua imensa copa. Faz muito tempo, deitado sob um flamboyant, tive umas ideias esquisitas. Olhei para suas minúsculas folhinhas e pensei que talvez cada uma delas fosse um universo. Haverá tantos universos quanto folhas de flamboyant? Os físicos andam desconfiados. Ouvi dizer que já falam não em um big bang, mas em inúmeros big bangs acontecendo o tempo todo no espaço infinito. E seremos nós, o nosso universo, apenas uma folhinha de flamboyant desse flamboyant sem fim que é o universo? Quem sabe se naquela folhinha-universo há um homem deitado debaixo de um flamboyant... Tudo é relativo.

Volto então para um encontro marcado com uma gigantesca jaqueira, com mais de trinta jacas. Algumas nasceram ao rés do chão. Alguns dizem que as árvores ouvem o que falamos. Espero que ouçam. Porque eu lhes faço em silêncio muitas declarações de amor...

FÉ

PALHAÇADAS

Situação em que o meu palhaço fica mais "possuído" é quando estou no meio dos teólogos. Porque eles são sérios e acreditam no que falam. Mas o meu palhaço não acredita em nada. Aí eu ponho em ação a filosofia do bufão.

Com certa frequência, teólogos e mestres nas coisas da divindade fazem declarações surpreendentes. Há o caso de um teólogo inglês do século 17, se não me engano, que afirmou que uma das provas da existência de Deus estava no fato de que, sempre que uma criança nasce, já existe uma mãe à sua espera. Essa feliz coincidência, ele concluía, só pode acontecer por obra de Deus.

Participando de um encontro ecumênico de teólogos em Rocca di Papa, um lindo lugar para encontros sagrados perto de Roma, ouvi a colocação de um renomado professor de teologia que, defendendo a ideia da democracia, afirmou que o fato de Deus ser uma Trindade é prova de que ela, a democracia, é o sistema político desejado por Deus. As decisões não são feitas por um monarca, autoritariamente, mas por três iguais. Aí fiquei a pensar: "E se a votação for 2 a 1? E se Deus Pai votar 'sim' e o Filho e o Espírito Santo votarem 'não'?". Se a Trindade for democrática, há sempre o perigo de conflito interno na divindade. Respeitosamente (em teologia há de se ter o máximo respeito com os teólogos alemães), pedi-lhe licença para sugerir um aprimoramento no seu modelo. Observei que a Trindade, antes de ser um modelo para a democracia, é um modelo adequado às juntas militares: Deus Pai representa o exército, Jesus Cristo representa a marinha por já haver andado sobre as águas, e o Espírito Santo representa a aeronáutica por ser uma pomba. Minha sugestão não foi aceita.

CONVERSA TEOLÓGICA ENTRE PAI E FILHO

Filho: Papai, por que é que nós vamos à igreja?

Pai: Porque a igreja é a casa de Deus.

Filho: Mas as igrejas são muitas. Qual delas é a casa de Deus mesmo? Ninguém pode morar em muitas casas ao mesmo tempo...

P: Deus pode. Ele mora em todas as casas ao mesmo tempo.

F: Ele mora inteiro em cada uma delas ou é só um pedaço?

P: Mora inteiro. Deus não tem pedaços.

F: Se a igreja é a casa de Deus, quer dizer que, fora da igreja, Deus não mora?

P: Não. Deus mora em todos os lugares.

F: Também na Lua e nas estrelas e nas montanhas e nos desertos?

P: Sim. Também na Lua e nas estrelas e nas montanhas e nos desertos.

F: E na nossa casa? Deus mora lá também?

P: Na nossa casa Deus está sempre.

F: Se Deus está sempre na nossa casa, na Lua e nas estrelas e nas montanhas e nos desertos, então todo lugar é casa de Deus. Se todo lugar é casa de Deus, por que é necessário ir à igreja para encontrar Deus?

P: Na igreja, Deus é mais poderoso.

F: Então há lugares em que Deus é mais poderoso e outros lugares onde ele é menos poderoso?

P: Sim, há lugares onde Deus é mais poderoso. Nos lugares onde Deus é mais poderoso é mais fácil acontecer milagres. É por isso que as pessoas de fé fazem longas peregrinações a pé, a cavalo, de ônibus, de avião, aos lugares onde Deus é mais poderoso, para receberem milagres.

F: É pra receber milagres que as pessoas procuram Deus? Se Deus não fizesse milagres as pessoas continuariam a procurar Deus?

P: Bem...

F: O Deus mais fraco é mais fraco mesmo? Ele é mais fraco que o Deus mais forte? Então o Deus mais forte é mais Deus que o Deus mais fraco? Reza que se faz em casa é mais fraca? Deus atende menos?

P: ...

F: O Deus mais fraco é tanto Deus quanto o Deus mais forte?

P: Sim. Ambos são Deus.

F: Eu pensava que Deus era forte sempre, igual, na Lua, na rua, na igreja, na casa, na favela, nas prisões. Deus está também nas prisões?

P: Deus está em todo lugar. Também nas prisões.

F: Se Deus é tão forte e pode fazer tudo o que deseja, por que ele não faz os maus ficarem bons? Se Deus está junto com eles, nas prisões, eles deveriam ficar bons...

P: Isso eu não sei...

F: Eu gostaria que Deus estivesse com a mesma força em todos os lugares. Se Deus é todo-poderoso e sabe todas as coisas, ele não poderia ter evitado o tsunami, os furacões, os terremotos, a corrupção? Vejo, na televisão, homens corruptos fazendo peregrinações...

P: Filho, estou com fome. Vamos comer um hambúrguer com Coca-cola?

DEUS É UM BOLSO

Ah! Tanta gente quer saber se acredito em Deus! Mas eu não entendo a sua pergunta porque não sei o que elas querem dizer com essa palavra "acreditar". Qualquer que fosse a resposta que lhes desse haveria um mal-entendido. As palavras são enganosas... Palavras são bolsos vazios. À medida em que a vida passa, a gente vai pondo coisas dentro do bolso. O sentido do bolso é dado pelas coisas que pomos dentro dele. O bolso que tem o nome "Deus" fica então cheio das quinquilharias que nós colocamos dentro dele. Assim, quando falamos sobre Deus não falamos sobre Deus. Falamos sobre as coisas que guardamos dentro desse bolso. Muitas pessoas guardam mortes e castigos, outras guardam jardins... "Acreditar", no sentido comum que as religiões dão a essa palavra, refere-se a entidades que ninguém jamais viu, tais como anjos, pecados, santos, milagres, castigos divinos, inferno, céu, purgatório... No meu bolso sagrado, "acreditar" é palavra que não entra. Ele está cheio com palavras que têm a ver com amor, mesmo que o objeto do meu amor não exista. Eu amo o que não existe. Lembro-me das palavras de Valéry: "Que seria de nós sem o socorro das coisas que não existem?".

No meu bolso "Deus", eu guardo a beleza. Para mim, a beleza é sagrada porque, ao experimentá-la, eu me sinto possuído pelo Grande Mistério que nos cerca. Sinto-me como uma aranha que constrói a sua teia sobre o abismo. O abismo está à volta de nós, o abismo está dentro de nós. Os fios da minha teia, eu os tiro de dentro de mim, como a aranha. Teço a minha teia com poesia e música. De Deus só temos a suspeita. A beleza é a sombra de Deus no mundo. Sobre ele – ou ela – deve-se calar, embora as religiões sejam por demais tagarelas a seu respeito, havendo mesmo algumas que se acreditam possuidoras do monopólio das palavras certas, a que dão o nome de dogmas. "Pensar em Deus é desobedecer a Deus, porque Deus quis que não o conhecêssemos. Se ele quisesse que eu acreditasse nele, sem dúvida que viria falar comigo e entraria pela porta dentro dizendo-me 'Aqui estou!'" (Caeiro). E de acordo também com Walt Whitman: "E à raça humana eu digo: – Não seja curiosa a respeito de Deus, pois eu sou curioso sobre todas as coisas e não sou curioso sobre Deus. Não há palavra capaz de dizer quanto eu me sinto em paz perante Deus e a morte. Escuto e vejo Deus em todos os objetos, embora de Deus mesmo eu não entenda nem um pouquinho...". Não gosto de falar o nome "Deus" porque ele se presta a grandes confusões. Mas tenho um bolso com o nome "o Grande Mistério". Mas não sei o que está dentro dele.

POESIA TEOLÓGICA

Minha filha de seis anos me surpreendeu com uma observação, resumo de toda poesia teológica;

"Eu queria ser Deus!" [...]

"É que a vida é tão boa... E Deus não morre..."

JARDIM DAS DELÍCIAS

Quem disse foram as Escrituras Sagradas. Elas contam que Deus estava infeliz. O vazio em que vivia lhe dava tédio. Por isso teve um sonho. Sonhou com um jardim – pois não há nada que dê mais alegria que um jardim. Decidiu-se, assim, a plantar um jardim para ficar alegre. Começou nos confins do vazio, criando as grandes estrelas, o Sol, a Lua, e foi afunilando, afunilando, até chegar a um lugar bem pequeno, onde plantou o seu sonho: o Paraíso. Fontes, árvores frutíferas, flores, pássaros, borboletas, animais de todo tipo, e até um vento fresco e perfumado que soprava nas tardes. Cecília Meireles resumiu essa estória num minúsculo poema enorme: "No mistério do Sem-Fim equilibra-se um planeta./No planeta, um jardim./ No jardim, um canteiro./E no canteiro, o dia inteiro/ Entre o mistério do Sem-Fim e o planeta/A asa de uma borboleta...". Era o jardim das delícias, destino dos homens, destino do universo, o destino de Deus! O Paraíso era melhor que o céu. Prova disso é que Deus passeava pelo jardim ao vento fresco da tarde... Terminado o seu trabalho de seis dias, Deus parou de trabalhar. Entregou-se então àquilo para que o trabalho havia sido feito: uma deliciosa vagabundagem contemplativa. Os olhos olharam para o jardim e experimentaram o êxtase da beleza! "E viu Deus que era muito bom..." Os olhos de Deus brincavam com o jardim. Nada havia para ser feito. Havia tudo para ser gozado.

Vejo as pessoas religiosas fechar os olhos para orar. Elas creem que, para se ver Deus é preciso não ver o mundo. Elas não sabem que a beleza da natureza é o espelho onde Deus se contempla. Os versos de Helena Kolody podiam estar gravados na entrada do Paraíso: "Rezam meus olhos quando contemplo a beleza". "A beleza é a sombra de Deus no mundo."

A DIREÇÃO SAGRADA

Um amigo, Arnaldo da Vidi, um padre italiano que foi missionário no Brasil, contou-me que a sua organização religiosa tem projetos educacionais em vários países. Num desses países, de religião islâmica, a escola passou por uma reforma física que incluiu novos banheiros para substituir os antigos, já muito velhos. Mas aconteceu algo estranho: os alunos, que usavam normalmente as privadas antigas, passaram a se recusar a usar as privadas novas. Faziam suas necessidades no chão do banheiro, contra a parede oposta às privadas. Esse comportamento absurdo deixou os diretores da escola perplexos, sem entender o que estava acontecendo. Até que o mistério foi explicado: as privadas estavam na direção da cidade sagrada, Meca. Defecar e urinar na direção de Meca era uma profanação. Era o mesmo que misturar as coisas sagradas às fezes. Antes sujar os banheiros que profanar a direção sagrada. Uma das edições da revista *National Geographic* traz um mapa para orientar os fiéis islâmicos sobre a direção correta de Meca, o que resolve o problema das privadas que poderão usar.

RELIGIÃO E FELICIDADE

É preciso não acreditar nos números da pesquisa. E isso porque as pessoas religiosas respondem de acordo com aquilo que sua ideologia religiosa as obriga a dizer. Perdão, Fernando Pessoa, pelo que vou fazer com os teus versos: "O religioso é um fingidor. Finge tão completamente que chega a fingir que é gozo a dor que deveras sente...". A religião dos pentecostais e evangélicos é uma religião que promete felicidade. Cristo dá paz àqueles que o têm no coração e resolve pelo milagre (a bênção!) os seus problemas. Se ele disser que não está feliz, ou a sua religião é falsa, não cumprindo o que promete, ou ele não tem Cristo no coração. A ideologia católica permite confessar-se infeliz, porque nosso mundo é mesmo um vale de lágrimas. Felicidade só no céu. O mesmo vale para os protestantes. Um dos seus hinos diz: "Não há dor que seja sem divino fim...". E a ideologia espírita vê o sofrimento como instrumento do carma para promover a evolução. "Bendita a dor que me purifica a alma", dizia a mulher espírita no sofrimento do seu câncer. Já os sem religião, por não estarem amarrados a uma ideologia que os obrigue, têm mais liberdade para reconhecer o sofrimento como sofrimento. Mas não sei se é vantajoso sofrer cientificamente. No sofrimento da dor eu não quero a realidade. Quero mesmo é a felicidade dentro de uma ampola.

SOBRE DEUS

Não vejo a minha córnea. Vejo através dela. Quem vê a própria córnea é cego. Deus é como a córnea: uma transparência invisível que nos permite ver. Quem diz que vê Deus é cego de Deus.

BELEZA

Há beleza demais no universo, e Beleza não pode ser perdida. E Deus é esse Vazio sem fim, gamela infinita, que pelo universo vai colhendo e ajuntando toda a Beleza que há, garantindo que nada se perderá, dizendo que tudo o que se amou e se perdeu haverá de se repetir. Deus existe para tranquilizar a saudade...

Somos as coisas que moram dentro de nós. Por isso há pessoas que são bonitas. Não pela cara, mas pela exuberância do seu mundo interno. Há a estória da linda princezinha que foi enfeitiçada e, sempre que abria a boca, dela só saíam cobras, sapos e lagartos. Algumas pessoas, quando falam, delas sai um arco-íris.

PENSAR EM DEUS

Dizia Alberto Caeiro que pensar em Deus é desobedecer a Deus. Se Deus quisesse que pensássemos nele ele apareceria à nossa frente e diria: "Estou aqui!". Mas isso nunca aconteceu.

FEIRA MÍSTICA

Pessoas há que, para terem experiências místicas, fazem longas peregrinações a lugares onde anjos e seres do outro mundo aparecem. Eu, ao contrário, quando quero ter experiências místicas, vou à feira. Cebolas, tomates, pimentões, uvas, caquis e bananas me assombram mais que anjos azuis e espíritos luminosos. São entidades assombrosas.

NADA SEI SOBRE DEUS

Dou o nome de Deus ao êxtase do corpo tocado pela Beleza. Se uso a palavra Deus é como metáfora poética: nada de conhecimento. Nada sei sobre Deus. Deus é um significante que nada significa. Como se fosse um poema que não pretende conter um conhecimento. Um poema não vale pela verdade que supostamente poderia conter, mas pela beleza que contém. Assim é, para mim, o nome Deus... Deus é o nome que damos à ausência que habita o corpo. Quando oramos "venha o teu Reino", estamos invocando o retorno dos objetos amados perdidos que moram na saudade.

Faço meus poemas sobre o meu vazio, que é o único que experimento. Em obediência ao mandamento sacramental de que o pão e o vinho sejam bebidos na dor da ausência. A magia não está nem no pão nem no vinho, presentes; mas nas palavras que dizem a tristeza da falta e a esperança da volta. O sacramento é uma celebração da ausência de Deus.

Os deuses das flores são flores. Os deuses das lagartas são lagartas. Os deuses dos cordeiros são cordeiros. Os deuses dos tigres são tigres. Nossos deuses são nossos desejos projetados até os confins do universo.

MINHA CRENÇA

Teologia é uma música que faço com palavras, um móbile de contas de vidro, uma tapeçaria de luz. Faço por razões estéticas. E é por isso que nem necessito crer.

Teologia deveria ser sonata tocada com palavras. Todo teólogo deve ser bom músico.

Do cristianismo, o que sobrou em mim foi a música. Basta ouvir Bach ou Haendel para que eu fique possuído, a despeito da estática produzida pelos dogmas e doutrinas das igrejas, que só ofendem a minha razão. Minha fé é estética. É um amor à beleza. A beleza é divina. Ao ouvir música de outras tradições, percebo que Deus tem muitas belezas diferentes...

AR

Dou-me bem com meu pulmão. Respiro sem esforço. Por isso nunca penso no ar. Se eu fosse asmático, numa crise de falta de ar, eu só falaria "Ar! Ar! Ar!". A gente fala daquilo que nos falta. As pessoas que falam muito de Deus são asmáticos espirituais. Estão sempre com medo de que ele lhes falte.

FÉ

Fé é um sentimento de confiança na vida: flutuar num mar de amor, como se flutua na água.

Fé é um morango que se come pendurado num galho à beira do abismo, pelo gosto bom que tem, sem nenhuma promessa de que ele nos fará flutuar quando o galho quebrar...

O QUARTO DO FILHO

"Saudade é o revés do parto. É arrumar o quarto para o filho que já morreu." Qual a mãe que ama mais? Aquela que arruma o quarto porque o filho volta amanhã, ou aquela que arruma o quarto para o filho que nunca voltará? Os que mais amam a Deus são os que não acreditam que ele existe e, a despeito disso, continuam a ter saudade.

ALIMENTO DA ALMA

Vivo muito bem sem Deus. Mas não consigo viver sem o "mistério", sem o "sagrado", sem Beleza. "As coisas que não existem são mais bonitas" (Manoel de Barros). A alma se alimenta de coisas que não existem. Coisas que não existem alimentam a beleza e a esperança.

COMPAIXÃO

Acho obscena a alegação de que temos de lutar pela justiça porque essa é a vontade de Deus. Quem luta pelos pobres porque Deus manda não ama os pobres. Tem é medo de Deus. Admiro aqueles que já trazem consigo esse sentimento de compaixão sem ter tido necessidade de ler sobre ele nos textos sagrados. Certamente porque Deus já mora dentro deles. Os outros, que precisam teologar primeiro, é porque Deus mora do lado de fora...

BOLSO

Palavras são bolsos. Bolsos são vazios. Porque são vazios podemos colocar coisas dentro deles. Quantas coisas diferentes podem caber num mesmo bolso: um lenço, moedas, chaves, uma carta, balas, uma caixa de fósforos, um livrinho, um canivete, uma fotografia, a mão... Vazio, o bolso é um. Mas ele vale por aquilo que está dentro dele. Assim são as palavras: bolsos. Faz uns dias uma pessoa me perguntou, com uma pitada de ansiedade: "Mas em Deus o senhor acredita, não?". Sua pergunta revelava o seu medo de que eu fosse ateu. Aí eu disse: "Tenho um bolso-palavra com esse nome. Mas acho que o que tenho dentro do meu bolso não é igual ao que você guarda dentro do seu bolso...". Aí eu enfiei a mão no meu bolso-palavra-Deus e comecei a mostrar-lhe as coisas bonitas que eu guardava lá dentro. Ela as achou feias. Enfiou a mão dentro do seu bolso-palavra-Deus e começou a me mostrar as coisas lógicas que ela guardava lá dentro. E o seu Deus me pareceu mais com um demônio.

REFLEXOS DA ALMA

Quero Deus como um artista que cata os cacos do meu vitral, partido por pedradas ao acaso, e os coloca de novo na janela da catedral, para que os raios de sol de novo por eles passem. Deus é uma fonte de água cristalina. Dele só jorra bondade, faz o sol nascer sobre maus e bons, faz sua chuva descer sobre justos e injustos. Assim, não se preocupe em ter ideias certas sobre Deus. Elas serão sempre um reflexo de sua própria alma. Nossas ideias sobre Deus não fazem a mínima diferença para ele.

VENTO

O diabo é adulto vestido sempre a rigor. É sério. Não ri. Não sabe dançar. É o espírito de gravidade que faz todas as coisas afundar. Deus é o contrário: criança de mãos dadas com um palhaço de circo. A oração começa com o riso. Deus é o espírito da leveza. Vento. Espírito. Ele faz todas as coisas voar.

PIEDADE

Nossa Senhora do Bom Parto é a padroeira das parturientes. Procurei outra Nossa Senhora para ser a padroeira dos que estão morrendo. Eu a descobri na *Pietà*: aquela que acolhe no seu colo o filho que está morrendo. Morrer nos braços da *Pietà* é, talvez, sentir-se finalmente voltando para o colo de uma mãe que nunca se teve, mas que sempre se desejou ter. No colo da *Pietà,* a despedida poderia ser vivida, então, talvez como um retorno ao colo materno.

CATEDRAL

Um poema é como uma catedral gótica. A magia da catedral se encontra nos espaços vazios que a pedra cria. A catedral de pedra: será ela uma metáfora de uma catedral que mora na alma?

SOMBRA AMIGA

Vou plantar uma árvore: será o meu gesto de esperança. Copa grande, sombra amiga, galhos fortes, crianças no balanço, e muitos frutos carnudos, passarinhos em revoada. Mas o mais importante de tudo: ela terá de crescer devagar, muito devagar. Tão devagar que à sua sombra nunca me assentarei... O primeiro a plantar uma árvore à cuja sombra nunca se assentaria foi o primeiro a pronunciar o nome do Messias.

E DEUS ATENDEU

Havia certa vez um homem que dizia o nome de Deus. Quando o coração lhe doía por uma criança que chorava, ou por um pobre que mendigava, ele andava até a floresta, acendia o fogo, entoava canções e dizia as palavras. E Deus o ouvia... O tempo passou. Voltou à mesma floresta. Mas não carregava fogo nas mãos. Só lhe restou cantar as canções e dizer as palavras. E Deus o atendeu ainda assim. Um tempo mais longo se foi. Sem fogo nas mãos, sem força nas pernas, não alcançou a floresta. Mas do seu quarto saíram as mesmas canções e as mesmas palavras. E Deus lhe disse que sim. Chegou a velhice. Nem floresta nem fogo ou canções. Restaram as palavras. E o mesmo milagre ocorreu. Por fim, sem fogo ou floresta, sem canções ou palavras. Só mesmo o infinito desejo e o silêncio: e Deus atendeu...

PADRE LÉO

Ele partiu para o mundo dos mistérios de onde ninguém voltou para contar como é. Fiquei triste. Conheci o padre Léo acidentalmente. Fui convidado para participar de um programa de televisão em São Paulo. Aceitei sem perguntar o assunto. Aí descobri que se tratava de um programa católico ligado à renovação carismática. Protestante incrédulo, refuguei, mas cumpri a palavra. Pois foi uma surpresa. Logo nos afinamos e passamos a jogar frescobol. Ele dizia coisas na TV que fariam o papa ruborizar-se. Pensei que ele logo seria forçado a um silêncio obsequioso, como aquele que o Sumo Pontífice aplicou ao Leonardo Boff e à Ivone Gebara... Contou, para os milhares de pessoas que o assistiam, que ele havia organizado uma reunião de 2 mil casais para celebrar o Dia dos Namorados, num campo de futebol. Lá estavam eles, os 2 mil jovens e velhinhos. "Agora, para celebrar o Dia dos Namorados, é preciso beijar! Todo mundo beijando...". Mas os casais, instruídos sobre o perigo da lascívia, deram aqueles beijinhos só de encostar as bocas chamados "selinho". O padre Léo protestou. "Vocês nunca leram a Bíblia? Está lá, no livro dos Cânticos: 'Há mel debaixo da tua língua'. Então, para obedecer às Sagradas Escrituras, vamos todos enfiar a língua debaixo da língua do outro para sentir o gosto bom do mel..." Ele era assim. Nunca recebi tantos e-mails por um programa... Espero que no céu os salvos leiam o Cântico dos Cânticos..."

MERETRIZES

Foi Jesus que disse aos fariseus, religiosos que viviam citando as Escrituras e tentando converter os outros, que as meretrizes entrariam no Reino dos Céus antes deles. E notem: Jesus não disse: meretrizes arrependidas. Entram as meretrizes mesmo e, atrás delas entram também os fariseus hipócritas e tudo o mais que Deus criou. Um Deus que é todo amor não pode ter no seu universo uma câmara de torturas eternas em que as almas sofrem por pecados cometidos no tempo.

Vejo as pessoas religiosas fechar os olhos para orar. Elas creem que para se ver Deus é preciso não ver o mundo. Mas Deus se revela precisamente na alegria de ver. O Paraíso é uma dádiva de Deus aos olhos dos homens. O Paraíso é o rosto visível de Deus.

LOUCURA E RELIGIÃO

Disse o Riobaldo, e eu digo "amém". "Todo-o-mundo é louco. O senhor, eu, nós, as pessoas todas. Por isso que se carece principalmente de religião: para se desendoidecer, desdoidar. Eu, cá, não perco ocasião de religião. Aproveito de todas. Bebo água de todo rio... Uma só, para mim, é pouca... Rezo cristão, católico, embrenho a certo; e aceito as preces de compadre meu Quelemém, doutrina dele, de Cardéque. Mas, quando posso, vou no Mindubim, onde um Matias é crente, metodista: a gente se acusa de pecador, lê alto a Bíblia, e ora, cantando hinos belos deles..." (João Guimarães Rosa). Espantei-me quando li. Ecumenismo maior não pode existir. Se o Riobaldo fosse cardeal, ah! Sua Santidade Bento XVI ia ter um trabalhão...

Acontece assim comigo também: não perco ocasião de religião. Tenho sangue de católico. Meu avô ia ser padre. Se tivesse sido, este texto não existiria. Lá no sobrado de vidros coloridos, no sótão, entre as telhas e o forro, ficavam guardadas as velharias numa canastra. Entre elas, uma carta do meu avô, interno do Caraça, já vestido de batina preta, dirigida ao seu pai, pedindo dez tostões para comprar uma batina nova porque a sua já estava velha. Tenho também sangue de espírita, que eles chamam de espiritualista ou kardecista, qualquer nome é bom.

O TAXISTA

Eu estava em São Paulo, indo pro meu destino de táxi, puxei conversa com o motorista, perguntei de onde ele era, sou de Macuco, em Minas, me respondeu. Quis confirmar: "Macuco? Conheço muito, é perto de Itutinga, lugar de represa. Pois eu mesmo sou de lá perto, de Lavras do Funil...". Funil porque o rio Grande largo e pachorrento de repente era estrangulado por um funil espremido de pedras, por onde as águas passam em fúria... Lugar bom de pescar porque os peixes se ajuntavam no final do funil, economizando força pra vencer a correnteza rio acima. Peixe é feito gente: quando fica velho, fica com saudades do lugar do nascimento... Quando a morte vai chegando, a gente quer é o colo materno de onde saiu. Não existe mais o funil. Fizeram outra represa que submergiu o funil, que, agora, só existe na memória dos velhos, e os peixes não precisam mais fazer força.

Revelei que eu era de Lavras porque, quando se vem de lugar próximo, os pensamentos e os sentimentos também ficam mais próximos. O taxista se sentiu mais íntimo. "Lavras? Lugar de um espírito de luz, médico que anda pelo mundo dos sofredores curando as suas doenças..." "E como é que ele se chama?", perguntei. "É o doutor Augusto Silva..." Dei então uma risada e fiz uma revelação: "O doutor Augusto Silva foi meu tio...".

Estou contando essas coisas sobre o tio Augusto a propósito do que Deus anda fazendo comigo. Pois não é que Deus anda me pregando umas peças? Eu, que estava inteirinho, por duas vezes fui para a mesa de cirurgia, me tiraram o estômago, me puseram válvula de porco no coração, tenho agora uma costura no peito que vai do pescoço até o umbigo... Meus amigos, cada um religioso do seu jeito, tentam me ajudar, apaziguar Deus, acender velas pelos pecados que cometi, porque devo ter cometido pecados graves, senão o carma não faria uma cobrança tão bruta, pagamento à vista. Não acredito. Deus não tem modos de banqueiro.

REENCARNAÇÃO

Uma amiga querida, ex-aluna, kardecista, me disse, com um tom carinhoso, que eu ficaria melhor se abandonasse minha incredulidade e acreditasse na reencarnação. Com a reencarnação tudo se explicaria. O universo é lógico, tudo se encaixa, parece bordado, a gente vê o avesso, mas tem o direito que a gente não vê, tudo que parece ser desarmonia do lado de cá é harmonia do lado de lá. A certeza disso apazigua a alma. A gente sofre com resignação. O final feliz está sempre garantido.

Aí tive de esclarecer o equívoco sobre a minha religião.

"Pois saiba você que eu acredito muito na reencarnação. Faz muito tempo anunciei a minha conversão num artigo de nome esquisito: 'oãçanracneeR'. Reencarnação ao contrário: não de trás para adiante, mas de diante para trás. O futuro não me interessa. Eu nunca o vivi, por isso não posso amá-lo. Não quero ir para o céu: o tempo infinito deve ser de um tédio insuportável. E o mais terrível é não ter saída. O céu me dá claustrofobia. Além do que não quero evoluir. Muitas coisas não podem e não devem evoluir: canto de sabiá, vermelho de sol poente, cheiro de café fresquinho, os poemas da Cecília Meireles, ipês floridos, a sonata *Appassionata* de Beethoven, uma jabuticaba madura..."

O que seria uma jabuticaba evoluída? Uma jabuticaba cúbica? Uma jabuticabeira florida e perfumada e, depois, coberta de esferas negras brilhantes e túrgidas, aquele "toc" que a jabuticaba faz quando a gente morde – esse objeto é perfeito, divino, sem passado e sem futuro, presente puro destinado à eternidade. Não posso imaginar que alguma evolução lhe possa ser acrescentada.

O que eu quero não é evoluir. O que eu quero é viver de novo o passado que vivi, com muito mais intensidade, sem os sentimentos de culpa com que minha religião aprisionou o meu corpo, as minhas ideias e os meus sentimentos... Tenho tristeza pelos pecados que não cometi... Eram pecados tão inocentes... Estou até desconfiado de que se Deus está me castigando, ele está me castigando porque eu não pequei o tanto que ele queria que eu pecasse. Tentei ser mais espiritual que o próprio Deus, e ele ficou bravo comigo... Não acreditei na advertência de Lutero, escrevendo a Melanchthon: "Deus não salva falsos pecadores. Seja um pecador e peque fortemente, mas creia e se alegre em Cristo mais fortemente ainda...". Meu pecado foi pecar com timidez... Tive medo de gozar a vida... Assim, quando já são poucas as jabuticabas na minha tigela, rezo o meu Pai-Nosso herético – ou erótico: "O prazer nosso de cada dia dá-nos hoje...".

TEMPO

BELEZA E MORTE

Eternidade não é o tempo sem fim. Tempo sem fim é insuportável. Já imaginaram uma música sem fim, um beijo sem fim, um livro sem fim? Tudo o que é belo tem de terminar. Tudo o que é belo tem de morrer. Beleza e morte andam sempre de mãos dadas.

Eternidade é o tempo completo, esse tempo do qual a gente diz: "valeu a pena". Não é preciso evolução, não é preciso transformação: o tempo é completo e a felicidade é total.

O TEMPO

Há duas formas de marcar o tempo. Uma delas foi inventada por pessoas que amam a precisão dos números: matemáticos, astrônomos, cientistas, técnicos. Para marcar o tempo de forma precisa, fabricaram ampulhetas, relógios, cronômetros, calendários. Nesses artefatos técnicos, todos os pedaços do tempo – segundos, minutos, dias, anos – são feitos de uma mesma substância:

números, entidades matemáticas. Não há inícios nem fins, apenas a indiferente sucessão de momentos, que nada dizem sobre alegrias e sofrimentos. Apenas um bolso vazio. Nele, a alma não encontra morada.

Nas Olimpíadas, a performance dos corredores e nadadores é medida até os centésimos. Fico a me perguntar: "Como é que conseguem? Que diferença faz?".

A outra foi inventada por homens que sabem que a vida não pode ser medida com calendários e relógios. A vida só pode ser marcada com a vida. Os amantes do Cântico dos Cânticos marcavam o tempo do amor pelos frutos maduros que pendiam das árvores. Quando as folhas dos plátanos ficam amarelas sabemos que o outono chegou. Os ipês-rosas e amarelos anunciam o inverno.

Qual a magia que informa os ipês, todos eles, em lugares muito diferentes, que é hora de perder as folhas e florescer? E sem misturar as cores. Primeiro os rosas, depois os amarelos e, finalmente, os brancos.

Sugeri que algum compositor compusesse uma sinfonia ou uma brincadeira musical em três movimentos. Primeiro movimento, "Ipê-rosa", andante tranquilo, em que os violoncelos cantam a paz e a segurança. Segundo movimento, "Ipê-amarelo", *rondo vivace*, em que os metais, cores parecidas com a dos ipês, fazem soar a exuberância da vida. Terceiro movimento, "Ipê--branco", *moderato*, em que o veludo dos oboés cantam a mansidão. Seria bom se nós, como os ipês, nos abríssemos para o amor no inverno.

A precisão dos números marca o tempo das máquinas e do dinheiro. O tempo do amor se marca com o corpo.

Um calendário é coisa precisa: anos, meses, dias, horas, que são marcados com números. Esses números medem o tempo.

Mas os pedaços de tempo são bolsos vazios: nada há dentro deles. O bolso vazio do tempo se torna parte do nosso corpo quando o enchemos com vida. Aí o tempo não mais pode ser representado por números. O tempo aparece como um fruto que vai sendo comido: é belo, é colorido, é perfumado. E, à medida que vai sendo comido, vai acabando. Vem a tristeza. O tempo da vida se marca por alegrias e tristezas. Há inícios e há fins.

Tempus fugit; o tempo foge. Portanto, *carpe diem*: colha o dia como um fruto que amanhã estará podre.

Viver ao ritmo de alegrias e tristezas é ser sábio. "*Sapio*", no latim, quer dizer, "eu saboreio". O sábio é um degustador da vida. A vida não é para ser medida. Ela é para ser saboreada.

Um texto bíblico diz: "Ensina-nos a contar os nossos dias de tal maneira que alcancemos um coração sábio". Acho que Jesus sorriria se eu acrescentasse ao "Pai-Nosso" outra súplica: "A fruta nossa de cada dia dá-nos hoje...". Caqui, pitanga, morango à beira do abismo, melancia...

Heráclito foi um filósofo grego fascinado pelo tempo. Contemplava o rio e via que tudo é rio. Percebeu que não é possível entrar duas vezes no mesmo rio; na segunda vez, as águas serão outras, o primeiro rio já não existirá. Tudo é água que flui: as montanhas, as casas, as pedras, as árvores, os animais, os filhos, o corpo... Assim é tudo, assim é a vida: tempo que flui sem parar. Daquilo que ele supostamente escreveu, restam apenas fragmentos enigmáticos. Entre eles, um me encanta: "Tempo é criança brincando, jogando; da criança o reinado".

Para nós, o tempo é um velho, cada vez mais velho, sobre quem se acumulam os anos que passam e de quem a vida foge. Heráclito, ao contrário, diz que o tempo é criança, início permanente, movimento circular, o fim que volta sempre ao início, fonte de juventude eterna, possibilidade de novo começos.

Tempo é criança? O que o filósofo queria dizer exatamente eu não sei. Mas sei que as crianças odeiam Chronos, o deus dos cronômetros, dos segundos, dos centésimos de segundos. O relógio é o tempo do dever: corpo engaiolado.

MOMENTOS EFÊMEROS

Aí, de repente, os meus olhos se abriram, e vi como nunca havia visto. Senti que o tempo é apenas um fio. Nesse fio vão sendo enfiadas todas as experiências de beleza e de amor por que passamos. Aquilo que a memória amou fica eterno. Um pôr do sol, uma carta que recebemos de um amigo, os campos de capim-gordura brilhando ao sol nascente, o cheiro do jasmim, um único olhar de uma pessoa amada, a sopa borbulhante sobre o fogão de lenha, as árvores de outono, o banho de cachoeira, mãos que se seguram, o abraço de um filho: houve muitos momentos de tanta beleza em minha vida que eu disse para mim mesmo: "Valeu a pena eu haver vivido toda a minha vida só para poder ter vivido esse momento. Há momentos efêmeros que justificam toda uma vida".

ESTAÇÕES

Um amigo nos havia convidado a passar alguns dias na Montanha Pocono, nos Estados Unidos. Não havia nevado ainda: as árvores estavam despidas de folhas, as *birch* com suas cascas brancas, as outras vestidas de negro.

Naquela noite nevou. Nevou muito. Tudo se arredondou com a neve: as árvores, os arbustos, os campos, os caminhos.

A camada de neve deveria ter mais de quarenta centímetros de fundura. Tudo absolutamente liso. Dava dó caminhar sobre a neve, porque os nossos passos estragavam a perfeição do lençol branco.

Ao escrever este texto dei-me conta de que talvez, inconscientemente, eu tivesse me inspirado nessa casa – e faz mais de trinta anos! – quando descrevi para a minha filha Raquel, arquiteta, a casa com que eu sonhava: um grande espaço sem paredes que o dividissem, janelas de vidro, cozinha, sala de jantar, sala de televisão e música, varanda, tudo se comunicando para que ninguém ficasse excluído do convívio. Só faltou a lareira.

Quem sonhou aquela casa na montanha sonhou com o aconchego. Todos juntos, crianças, velhos, adultos, convidados, rindo, comendo, bebendo, conversando. Pois não é para isso que se constrói uma casa? Para a comunhão e o amor?

Aí, olhando para fora através do vidro vi um homem que andava ao redor da casa, fazendo coisas, mas não participava do nosso convívio.

"Quem é esse homem?", perguntei ao meu amigo.

"Ele é o dono da casa. Está alojado num apartamento no porão da casa. E, sendo amigo, nos cedeu a parte de cima..."

Aí ele fez um silêncio e acrescentou: "Sua mulher arranjou um novo amor e agora está sozinho...".

Enchi-me de compaixão. Mas pensei que na vida das pessoas acontece como na natureza. O tempo passa. As estações se sucedem. E depois do inverno a primavera volta...

RELACIONAMENTOS

UMA LONGA CONVERSA

"Ao pensar sobre a possibilidade do casamento cada um deveria se fazer a seguinte pergunta: 'Você crê que seria capaz de conversar com prazer com esta pessoa até a sua velhice?'. Tudo o mais no casamento é transitório, mas as relações que desafiam o tempo são aquelas construídas sobre a arte de conversar." (Nietzsche)

Sherazade sabia que os casamentos baseados nos prazeres da cama são sempre decapitados pela manhã, pois os prazeres do sexo se esgotam rapidamente e terminam na morte. Por isso, quando o sexo já estava morto na cama, e o amor não mais se podia dizer através dele, ela o ressuscitava pela magia da palavra: começava uma longa conversa que deveria durar mil e uma noites.

BOLHA DE SABÃO

O apaixonado pensa que seu amor será eterno. É preciso não estar apaixonado para compreender que a paixão é bolha de sabão: linda e efêmera. Não é possível confiar na eternidade do amor.

LIBERDADE

Somente os pássaros engaiolados são dignos de confiança. Pássaros engaiolados não fogem. Mas, ao se engaiolar o pássaro, perde-se a beleza do seu voo, que era o que se amava.

Pássaros engaiolados transformam-se em patos gordos. Patos gordos são dignos de confiança: nem podem nem querem voar. Os espaços vazios não os fascinam. Nunca olham para cima, só para baixo. Nem sabem da existência do céu. Já os pintassilgos são indignos de confiança. Sabem voar. Basta que a porta da gaiola se abra para que voem.

Mais fundamental que o amor é a liberdade. A liberdade é o alimento do amor.

O amor é pássaro que não vive em gaiolas. Basta engaiolá-lo para que ele morra. Ter ciúme é reconhecer a liberdade do amor.

O desejo de liberdade é mais forte que a paixão. Pássaro, eu não amaria quem me cortasse as asas. Barco, eu não amaria quem me amarrasse no cais.

CARTA DE AMOR

Para isto se escrevem as cartas de amor. Não para dar notícias, não para contar nada, não para repetir as coisas por demais sabidas, mas para que mãos separadas se toquem, ao tocarem a mesma folha de papel.

Quem quer que tente entender uma carta de amor pela análise da escritura estará sempre fora de lugar, pois o que ela contém é o que não está ali, o que está ausente. Qualquer carta de amor, não importa o que se encontre nela escrito, só fala do desejo, da dor da ausência e da nostalgia pelo reencontro.

Uma carta de amor é um papel que liga duas solidões. A carta de amor é o objeto que o amante faz para tornar suportável o seu abandono.

RITOS

Um rito acontece quando, não bastando as palavras para dizer a beleza, elas se transformam em gestos. O rito é um poema transformado em festa!

Os ritos do casamento podem ser de dois tipos. O primeiro rito, conhecido por todos, é feito com gaiolas e promessas. O segundo, secreto, é feito com o voo das aves.

EFEMERIDADE

Quando a paixão acontece é aquela felicidade imensa, aquela certeza de eternidade. Ah! Como os apaixonados desejam sinceramente que aquela felicidade não tenha fim. Mas o amor – pássaro – de repente bate as asas e voa... Brincando, faz tempo, eu sugeri que um casamento que se baseasse no amor teria de ser efêmero – porque o amor é sentimento – e os sentimentos não podem ser transformados em monumentos. É o evangelho que diz. Deus é amor. E diz também que Deus é "vento que sopra onde quer, sem que saibamos donde vem nem para onde vai...".

JOGO DE AMOR

Há quem pense que o objetivo do jogo amoroso é o orgasmo. Outros pensam que é a fecundação. Os amantes sabem diferente. Sabem que o objetivo do jogo amoroso é ele mesmo, o prazer e a alegria de estar brincando.

A conversa é uma metáfora dos jogos amorosos. Quem não sabe conversar não sabe transar.

Casais, brigando, estão jogando tênis: o que um deseja é dar uma cortada, e tirar o outro da jogada. Casais que estão amando jogam frescobol. O que importa é ir e vir, ir e vir, ir e vir, sem fim...

HOMEM E MULHER

O que é um homem? Um homem é um vazio, desejo por uma mulher. O que é uma mulher? Uma mulher é um vazio, o desejo por um homem...

SEDUÇÃO DO VENTO

Quem está feliz com a segurança é porque deixou de amar. Somente as pessoas que deixaram de amar se contentam com a segurança. Quem ama ouve sempre a sedução do vento...

FILHOS ALADOS

Amo os meus filhos porque eles são seres alados. São belos no seu voo... Mas bem que eu gostaria que eles não voassem, que ficassem sempre por perto...

Se sua filha está oscilando entre um artista ou um construtor, a prudência aconselha: o construtor é melhor escolha. Construção é pedra e cimento. Arte, gestos ao vento... Dois perigos: que ela se transforme em pedra e cimento; ou que ela, cansada de pedra e cimento, resolva voar com um artista...

CONTRATO

Talvez o amor não passe de uma deliciosa ilusão que se realiza em momentos sagrados, raros. Não pode ser capturado. Um casamento que se baseasse no amor teria que ser efêmero. Por isso o casamento não se baseia no amor. Ele se baseia num contrato selado por promessas e confirmado por testemunhas.

Observe os casais nos restaurantes. Pela forma como eles conversam durante a refeição, você pode concluir sobre a relação. Se conversam e riem, é porque o amor está vivo. Se comem olhando para o prato e em silêncio, é porque o amor está estragado.

Aqui abrem-se duas possibilidades. Primeira: uma das partes – ou as duas – encontrou um novo amor e se entregou a ele. Nesse caso, é (ou são) infiel a uma relação formal apodrecida, e fiel a uma nova relação amorosa. Segunda: os dois vão ser pelo resto da vida fiéis às promessas e ao contrato, olhando para o prato enquanto comem, sem rir e conversar. Na sua lápide se escreverá: "Foram fiéis a vida inteira...".

ARTE DE FAZER AMOR

Aqueles que se dedicam à sutil e deliciosa arte de fazer amor com a boca e o ouvido (esses órgãos sexuais que nunca vi mencionados nos tratados de educação sexual...) podem ter a esperança de que as madrugadas não terminarão com o vento que apaga a vela, mas com o sopro que a faz reacender-se.

O TELEFONEMA E A CARTA

Um telefonema não é uma carta falada. Pois lhe falta o essencial: o silêncio da solidão, a calma da caneta pousada sobre a mesa que espera e escolhe pensamentos e palavras. O telefone põe a solidão a perder.

A diferença entre a carta e o telefone é simples. O telefone é impositivo. A conversa tem de acontecer naquele momento. Falta-lhe o ingrediente essencial da palavra que é dita sem esperar resposta. E, uma vez terminado, os dois amantes estão de mãos vazias.

O telefonema não pode esperar. A carta é paciente. Guarda as suas palavras. E, depois de lida, poderá ser relida. Ou simplesmente acariciada. Uma carta contra o rosto – poderá haver coisa mais terna?

NAMORO

O namoro tem vida intensa e breve. E é por isso que é tão belo e a sua memória – saudade – mora e dói em nossos corpos. Fica como nostalgia de um amor que deveria durar para sempre.

Romeu e Julieta tinham de morrer para que sua estória dissesse a nossa verdade e quiséssemos sempre ouvi-la de novo. Ah! Como seria bom se fôssemos sempre jovens, puros e ardentes! Então o mundo inteiro seria luminoso e viveríamos a cada dia a promessa suprema da religião: a ressurreição do corpo. Corpos enamorados são corpos ressuscitados.

Há a estória da menina e do pássaro encantado. "Preciso ir", dizia o pássaro. "Não vá", respondia a menina, ingênua. E ele respondia: "Vou para que o amor retorne. Você não entende que só sou encantado por causa da saudade?". O namoro acontece somente na dor da distância, quando os dedos se tocam de leve.

CAÇADORES

Os meninos, antigamente, tinham o esporte de caçar passarinhos com estilingue. Não caçavam para comer. Caçavam pelo prazer de caçar. Seu orgulho era exibir, ao fim do dia, uma fieira de pássaros mortos que iam ser jogados fora. Por que eles faziam isso? Não era por amor aos pássaros. Era por amor à sua própria imagem de caçadores. O infiel do tipo "galinha" é igual. Não é infiel por amor. Se ele amar e se fixar em alguém perderá sua identidade de caçador. O "galinha" é infiel a todas porque só é fiel à sua própria imagem de caçador.

O AMOR REJUVENESCE

Amor de mocidade é bonito, mas não é de se espantar. Jovem tem mesmo é de se apaixonar. Romeu e Julieta é aquilo que todo mundo considera normal. Mas o amor na velhice é um espanto, pois nos revela que o coração não envelhece jamais. Pode até morrer, mas morre jovem. "O amor retribuído sempre rejuvenesce", dizia Eliot no vigor da sua paixão, aos 70 anos de idade...

O amor tem o poder mágico de fazer o tempo correr ao contrário. O que envelhece não é o tempo. É a rotina, o enfado, a incapacidade de se comover ante o sorriso de uma mulher ou de um homem. Mas será incapacidade mesmo? Ou não será outra coisa: que a sociedade inteira ensina aos seus velhos que o tempo do amor já passou, que o preço de serem amados por seus filhos e netos é a renúncia aos seus sonhos de amor.

ILUSÃO

Vento engarrafado não serve para empinar pipas nem faz o cabelo voar... Gota de chuva brilhando em folha de couve a gente só pode olhar e se extasiar. Alguns pensam que o casamento faz o milagre, que é capaz de pôr a gota de chuva no anel, que ele consegue engaiolar o vento.

Amamos uma pessoa pela poesia que vemos escrita no seu corpo. Bem diz a Adélia Prado que "erótica é a alma".

EROTISMO E SAUDADE

O amor desesperado de Fiorentino Ariza por Firmina Daza, do Gabriel García Márquez. Não, não era na erótica do toque que o amor crescia. Era na dor da distância, onde a saudade mora. O erótico precisa da presença fugidia de quem se ama.

SÓ O AMOR NÃO BASTA

O amor não basta. Dona Baratinha sabia disso e perguntava aos seus pretendentes: "Como é que você faz de noite?". Mas há outra pergunta tão importante quanto esta, nascida da curiosidade sexual: "Como é que você faz de dia?".

ESPELHO

Amamos as pessoas não pela beleza delas, mas pela nossa beleza que aparece refletida nos olhos dela. O que é uma bela pessoa? É aquela em que nos vemos belos.

Somos mendigos de olhares. Olhos são espelhos. Cada encontro é um pedido: "Dize-me, espelho meu, haverá no mundo alguém mais belo que eu?".

SEXO

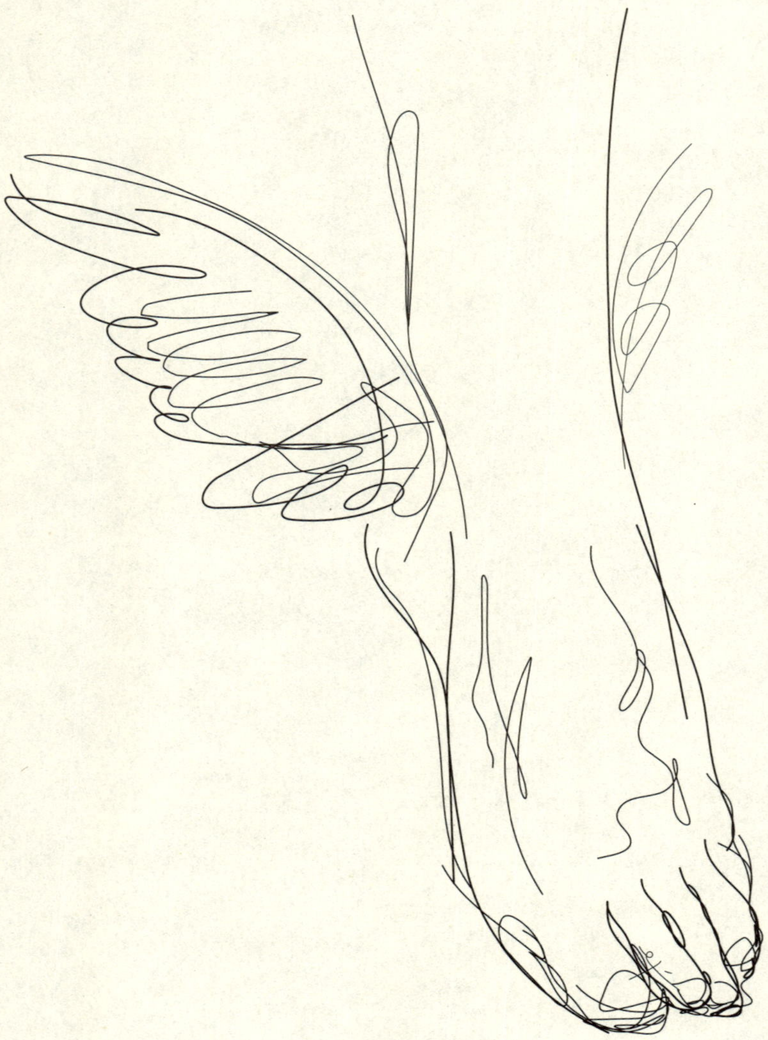

CASTIGO DAS DEUSAS

As deusas impuseram aos homens um castigo de honestidade. Não lhes é possível esconder ou fingir. Eles não podem, por meio de decisões racionais, dar ordens ao pênis. O pênis tem ideias próprias, não obedece, só faz o que lhe apraz.

A mulher não corre o risco da humilhação. Por meio de uma decisão racional, ela pode ter uma relação com a pessoa que ama, pode fingir, e o outro nem percebe.

BABETTE

Talvez o maior prazer de uma relação sexual seja o prazer de ser objeto de prazer do outro. "O outro me deseja. Eu posso satisfazer o seu desejo." Babette, cozinheira maravilhosa, tinha prazer não em comer a comida que preparava; ela só provava. O seu prazer estava em dar prazer. Isto, sobre o comer na mesa, vale para o comer na cama. E a mulher é como a Babette. Ela pode dar prazer sempre que desejar. O que não acontece com o homem.

AS IDEIAS DE UM PÊNIS

Santo Agostinho diz que o ideal seria que o órgão masculino funcionasse do mesmo jeito que o dedo, movendo-se, sem nunca desobedecer, por ordem da razão. Ao que todos os homens respondem em coro: "Amém!". O sonho de todo homem é ter o seu pênis sob o controle da razão. Mas o pênis ignora as ordens da razão. Ele tem ideias próprias. Nunca se sabe que ideia ele vai ter.

CÂNTICO DOS CÂNTICOS

A tradição cristã tem medo do prazer. Prazer é artifício do diabo. Tanto assim que, para agradar a Deus, os fiéis se apressam a oferecer-lhe sofrimentos e renúncias, certos de que é o sofrimento que lhe causa prazer. Não tenho conhecimento de alguém que, a fim de agradar a Deus, lhe tenha feito promessas de ouvir Mozart ou fazer amor. Horrorizam-se, portanto, com o prazer que aparece ligado às funções sexuais, o que faz com que os órgãos sexuais sejam usados como brinquedos prazerosos, sem nenhuma intenção reprodutora. Tratam de denunciá-lo, assim, como perigoso lugar de tentação e perdição, e chegam a afirmar que o pecado original foi uma relação sexual. Não lhes passa pela cabeça que se Deus não desejava que houvesse sexo, não nos teria feito macho e fêmea, e nem teria colocado tanto prazer nas funções sexuais. Afirmam que o objetivo dos órgãos sexuais é a reprodução. Manipulações e usos prazerosos dos órgãos sexuais, separados da função reprodutora, são, assim, definidos por essa moral religiosa como pecaminosa. Definem o sexo como pertencendo à "Feira das Utilidades" – aparelho reprodutor. Ignoram que o sexo pertence à "Feira das Fruições".

Duvidam? Que leiam o poema erótico Cântico dos Cânticos, nas Escrituras Sagradas.

SEXO

Os homens, enganados pela fantasia de que têm algo que as mulheres não possuem, não se dão conta de sua fragilidade. Dizem que "comem" as mulheres. Puro engano. Comer é um ato pelo qual uma coisa é colocada dentro da boca, a boca sendo um orifício vazio que extrai do referido objeto, por meio de movimentos rítmicos, a sua substância e sucos. Ora, a anatomia é clara: é a mulher, orifício vazio, que recebe o objeto masculino, e o esgota e esvazia. Mulher é boca que come; o homem é a fruta que é comida. Banana não come boca.

Num dos extremos do leque da sexualidade masculina está a sexualidade inspirada nos jeitos suínos de comer: sabugos, inhames, restos de feijão e tortas de morango são todos devorados de uma bocada só, o gosto não faz a diferença, tudo é a mesma coisa, sem fazer discriminações, a única coisa que importa é o "finalmente".

No outro extremo está a sexualidade inspirada na culinária de Babette. Tudo é delicado, sutil e embriagante, até mesmo as toalhas e a posição das velas. Tudo é pensado como uma obra de arte. Mas, como se sabe, isso é coisa de dias especiais, dias de festa...

Bem no meio do leque está a sexualidade do cotidiano, o trivial do dia a dia: arroz, feijão, carne, couve, alface com tomate, comidinha caseira que se pode servir requentada num mexidão com pimenta.

EROTISMO

A vida começa na boca. A vida começa no seio. A boca sugando o seio: essa é a primeira lição de erótica. Essa é a primeira maneira de fazer amor.

Come-se na mesa; come-se na cama. O que os amantes buscam não é o orgasmo. O orgasmo quer dizer: "Não quero mais". O orgasmo é a morte do desejo.

O orgasmo são os três acordes triunfantes, ao final da sinfonia. Eles anunciam o fim. Acabou-se a brincadeira. O que os amantes desejam é a alegria de ver crescer a fome do outro. *Bolero* de Ravel.

FEMININO E MASCULINO

A palavra é masculina: a fala se projeta como *falus*, eleva-se e penetra, a fim de dar prazer e engravidar. Pela palavra introduzo meu sêmen em outro. O ouvir é feminino. O ouvido é um vazio, concha, um convite à palavra que lhe trará prazer e vida.

EJACULAÇÃO

"Seminário", de sêmen – uma ejaculação de sementes. As mulheres protestariam justamente contra esse "machismo". Por que não "ovário"? Mas de que valeria a ejaculação de sementes se não houvesse o lugar que as acolhesse, o ovário?

RAPÉ COMO AFRODISÍACO NASAL

Faz uns tempos escrevi umas coisas insólitas que me passaram pela cabeça, relacionando os espirros e o orgasmo. Vou transcrever um parágrafo para que vocês se recordem: "Acometido por uma crise de espirros enquanto caminhava pela Fazenda Santa Elisa, lembrei-me de um estudante que me confessou espirrar sempre que se sentia excitado sexualmente. Nos livros sobre erótica que li, nunca vi referência alguma a esse curioso fenômeno. É bem possível que os espirrantes, envergonhados dessa anomalia e com medo de serem catalogados psicanaliticamente como 'perversos', tenham guardado o seu segredo. Ter orgasmo com o nariz é uma perversão, não é normal. Quem sabe o Vaticano soltará uma encíclica condenando os espirros da mesma forma que condena os homossexuais e a camisinha? O fato é que o espirro muito se assemelha ao orgasmo. Começa com uma discreta cócega, a cócega cresce até estourar numa explosão eólica extremamente prazerosa seguida de alívio. O prazer sexual do espirro levou os antigos a inventar uma forma de ter orgasmos nasais artificialmente. Inventaram o rapé." Escrevi isso de brincadeira, só pra dar risada. Aí eu recebi um e-mail da Alemanha sobre o assunto. Transcrevo algumas das coisas que nele estavam escritas: "Queria lhe dizer somente que minha esposa, alemã, de Giessen, trabalhou na otorrinolaringologia, mais precisamente, na área cirúrgica, e lembro-me que, um dia, ela veio toda contente com as observações que sua chefa, austeríssima, a Frau Professor Doktor Glanz, sumidade na área, fez durante uma cirurgia. Era já comprovada a ligação do nariz com as tensões eróticas do corpo. Frau Glanz recordava que o mesmo tecido esponjoso existente nos órgãos sexuais tanto masculinos quanto femininos estavam também presentes na narina e suas proximidades. Daí a excitação espirrante no nariz quando da excitação erótica do corpo, ou melhor, como você diz, citando Adélia Prado, da alma. Desejo-lhe tudo de bom e dou-lhe um abraço de quem muito o respeita. João L. B. Penharvel". Em primeiro lugar, quero agradecer ao dr. Penharvel essas informações, que confirmaram minha tese brotada do prazer do espirro. Em segundo lugar, quero sugerir aos homens e mulheres, especialmente os mais velhos, que façam uso desse extraordinário afrodisíaco que é o rapé. Espirrar com rapé é muito bom. Não existe impotência de nariz. Vale o velho ditado: "Quem não tem cão caça com gato...".

AREIA DEMAIS

Há a fantasia de que "ela é areia demais para o meu caminhãozinho". Claro que há sempre o recurso de se fazer duas viagens, se houver gasolina para tanto. Mas a assimetria continua.

Dito em linguagem culinária: "Minha comida é muito pouca para a fome dela". Dito em linguagem técnica: "Eu, como objeto do desejo, sou pequeno demais para o desejo dela".

São as mulheres as primeiras a falar sobre o tamanho enorme do seu desejo. "Para o meu desejo, o mar é uma gota", diz a Adélia. Ah! Então seria preciso que os homens fossem deuses para satisfazer esse desejo oceânico! Qualquer homem é muito pouco...

Aí os homens começam a ter medo do desejo da mulher. "Melhor uma mulher sem desejo. Pois, se ela não tiver desejo, não passarei pela humilhação de não poder satisfazê-lo." Os homens de gerações passadas queriam mulheres virgens, não por razões religiosas de pureza, mas para impedir a possibilidade de comparação. Ele não quer que ela saiba do tamanho do seu caminhãozinho.

O homem não suporta imaginar que o desejo de sua amada, que ele não consegue satisfazer, possa ser satisfeito por outro. Daí o temor da infidelidade da mulher: o temor de ser menor que o outro. A ferida não é ficar sem ela, a dor não é a perda dela. A dor maior, insuportavel, é narcísica. Pois, "ao me ser infiel e me abandonar, ela está proclamando aos quatro ventos a minha incapacidade de satisfazer o seu desejo: ela revela o segredo da minha incompetência".

Identidade sexual também se define "homossexualmente": preciso ser confirmado como homem perante os outros homens, meus iguais. O que é insuportável para o homem não é a ausência da mulher, mas sentir-se pequeno perante os olhares dos seus pares, homens. Por isso eles desenvolvem a arte de "contar vantagem" diante dos seus pares.

Não basta que minha masculinidade seja confirmada pela mulher. Preciso exibi-la narcisicamente diante dos meus pares.

A virgindade, como a ablação do clitóris praticada por certas tribos africanas, a indiferença sexual e, no seu ponto extremo, o crime de amor são formas de possuir a mulher através da destruição do seu desejo. "Uma mulher sem desejo será sempre minha."

DIAS DE HOJE

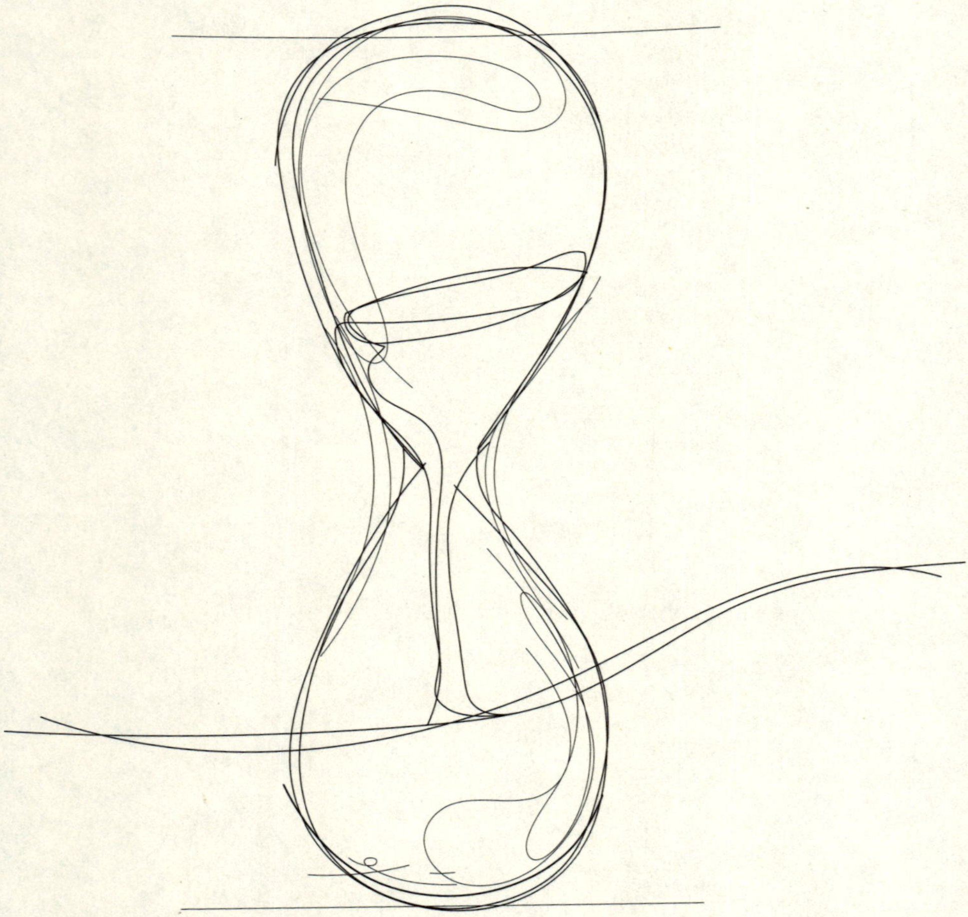

BULAS

Acho que toda bula de remédio devia ser assim: uma explicação fácil com letra grande. Ao terminar a leitura, o doente deveria ficar sabendo mais sobre o medicamento. Mas as bulas dos remédios, não sei para quem são escritas. Para os doentes? Com todas aquelas palavras complicadas escritas em letras tão pequenas que exigem uma lupa? Não, não são escritas para as pessoas que compram o remédio. Também não são escritas para os médicos, pois, se eles receitam o dito é porque já o conhecem, sabem o que faz e não faz. Os laboratórios imprimem aquelas bulas, eu acho, por razões legais. Se um paciente toma um remédio errado e dá um revertério, ele não poderá apelar para a Justiça. O laboratório se defende: a culpa é do paciente. Estava tudo escrito na bula... Sendo inúteis as bulas, acho que a maioria faz o que eu faço: jogo as bulas fora com dor de consciência, porque ela é escrita em papel que veio de uma árvore que teve de ser cortada... Bulas boas eram as antigas, como a do miraculoso Elixir de Nogueira – o retrato do doutor Nogueira, bigodes retorcidos, impresso no rótulo, um "santo remédio", que é "eficaz no tratamento de escrófulas, darthros, boubas, inflamações do útero, corrimento dos ouvidos, gonorrhéas, fístulas, espinhas, cancros venéreos, rachitismo, flores brancas, úlceras, tumores, sarnas, rheumatismo em geral, manchas da pelle, affecções do fígado, dores no peito, tumores nos ossos, latejamento das artérias"... Lendo a bula do Elixir de Nogueira, dou-me conta de que a medicina regrediu. Que medicamento, hoje, científico, pode prometer curas para tantas doenças diferentes?

PADRES E EXECUTIVOS

Antigamente eram os padres com suas batinas pretas, seus chapéus pretos, seus sapatos pretos, seus breviários pretos. Hoje são os executivos com seus ternos pretos, seus sapatos pretos, suas pastas pretas, seus laptops pretos. Duas classes sacerdotais.

NINFÉIAS

Tive uma experiência de felicidade guiando meu carro em Piracicaba, na avenida que acompanha o rio. Fim de tarde de outono. À esquerda, um parque com gramados verdes e árvores. De repente, um lago coberto com ninféias! Ninféias eram as flores favoritas de Monet e sobre suas telas Bachelard escreveu um ensaio tão belo quanto as telas do pintor. Pois lá estavam elas, inesperadas e maravilhosas. Eu nunca havia visto tantas ninféias abertas e tão grandes! Um casal de frangos d'água avermelhados andava sobre suas folhas, que flutuavam sobre a superfície da água. Parei o carro e fui me assentar à beira do lago. Não havia ninguém mais lá. Ao contrário, havia muita gente se divertindo nos parquinhos a curta distância. Lembrei-me de que, no *Admirável mundo novo,* de Huxley, as crianças eram ensinadas a odiar as belezas da natureza porque elas nos dão prazeres gratuitos, o que é ruím para a economia. Mas eram ensinadas a amar as coisas artificiais que se construem no campo, como clubes e parques aquáticos, porque isso é bom para a economia. Pode um mar tranquilo competir com a adrenalina do jet ski? Ou vacas pastantes competir com o barulho das motocicletas?

PALAVRAS OBSOLETAS

Senti-me velho ao falar esta palavra obsoleta: "aeromoça". Disseram-me que "aeromoça" é palavra que só velho usa. Palavra jovem é "comissária". Para saber a sua idade a partir das palavras que você usa e das atividades de que você participou, leia o livro *Você é jovem, velho ou dinossauro*, do Ignácio de Loyola Brandão. Meu irmão se dirigiu ao neto e pediu: "Gustavo, você pode ir buscar para mim o livro que deixei no automóvel?". O menino de quatorze anos não se mexeu. O avô repetiu o pedido com voz mais firme. O menino continuou imóvel. Até que, depois do terceiro pedido e do segundo silêncio, o menino falou: "Vô, o que é 'automóvel'?".

PROGRESSO ÀS AVESSAS

Aquela pequena cidade antiga era notável pela quantidade de árvores nas ruas e nos quintais. Árvores seculares que restaram da floresta que cobrira a região, jabuticabeiras, mangueiras, pitangueiras, laranjeiras, sapucaias, ipês, paineiras. Tantas eram as árvores que o viajante que chegasse ao alto da serra não via a cidade no vale. Só via o verde. O único sinal de civilização que se via lá de cima era a torre da igreja, que era mais alta que as copas das árvores. Aí foi eleito um prefeito progressista, com ideias novas, que desejava ver sua cidade conhecida. Queria o progresso, a modernidade. Se fosse um prefeito de hoje, ele logo mandaria instalar um semáforo num cruzamento de ruas e construiria uma fonte luminosa com golfinho e sereias esguichando água pela boca. Estaria, assim, imortalizado. Mas aqueles tempos eram outros. E o prefeito corretamente concluiu que, se a sua cidade era para ser conhecida, a primeira coisa a fazer era tomar as providências para que ela fosse vista e o viajante, no alto da serra, dissesse: "Olha a cidade lá embaixo no vale!". Mas, para que ela fosse vista, a primeira providência a ser tomada teria de ser o corte das árvores, que, segundo ele, davam à cidade um jeito de cidade do mato, o que era prova de atraso. Árvore é atraso. Cimento é progresso. Iniciou, então, uma campanha entre os moradores da cidade para que cortassem as árvores dos seus quintais. Esses, convencidos pelo discurso do prefeito e desejosos de que sua cidade fosse modernizada, pegaram os machados e derrubaram as árvores dos seus quintais, enquanto a prefeitura cortava as árvores das ruas e das praças...

MODERNIDADES

Um lavrador encontra um sujeito com um aparelho esquisito, olhando por ele e fazendo anotações. Curioso, procura saber de que se trata. O cidadão se apresenta como engenheiro e diz que o aparelho em questão é um teodolito, utilizado naquele caso para fazer traçado de estradas. "E vocês, como fazem para definir o eixo de uma estrada?" "Ah, nós usamos é um burro, principalmente quando tem muita subida. Aonde ele for passando, aí que é o melhor lugar para o caminho." "E se vocês não tiverem um burro?", quis ele ainda saber. E o caipira: "Ora, nós chamamos um engenheiro".

PROGRESSO

O menino moderno, familiarizado com o computador, ficou curioso sobre como eram as coisas no trabalho do seu pai no tempo em que não havia computadores. O pai, entusiasmado com a súbita curiosidade do filho, pôs-se a campo para encontrar sua velha Olivetti portátil, amante esquecida, abandonada, e ele nem sabia ao certo onde ela estava. Depois de muito procurar, encontrou-a dentro de uma mala velha cheia de tranqueiras. Tirou-a da sepultura, limpou-a, conferiu as teclas e alavancas, e também as fitas metade preta e metade vermelha, colocando-a então de novo no mesmíssimo lugar sobre a mesa onde vezes sem conta eles estiveram juntos. "Como é que funciona, pai?" – o menino perguntou. "É assim que funciona...", respondeu o pai. A seguir colocou uma folha de papel sulfite no rolo, ajustou as margens e começou a "daquitilografar" (era assim que o meu pai falava) umas frases soltas. Ao ver a máquina em ação, o menino fez um "oh" de espanto. "Que máquina mais adiantada, diferente dos computadores. É só digitar as letras que o texto sai impresso..." O que me fez lembrar um texto divertidíssimo de Cortázar que se chama, se não me engano, "A história das invenções". Só que tudo acontece não de trás para frente mas da frente para trás. A história começa num voo de supersônico de Nova York a Paris. Três horas. Aí os homens, inteligentes, pensaram que o prazer da viagem poderia ser aumentado se os aviões, em vez de voarem a uma velocidade acima da velocidade do som e a uma altura de quinze quilômetros, passassem a voar a uma velocidade de 400 quilômetros por hora a uma altura de três quilômetros. Assim poderiam ficar muito mais tempo longe do trabalho e ver os rios, bosques e vilas... E assim vai acontecendo a história das invenções, sempre ao contrário e sempre melhor... Até que, depois de muito progresso, a invenção dos navios a vela não poluentes e das bicicletas que fazem bem ao coração, os humanos inventam a mais fantástica de todas as invenções: eles inventam o "andar a pé".

LINGUAGEM

LUDOPÉDIO

Se você desejar saber um pouco mais das minhas experiências com o *ludopédio* – ludopédio é o nome genuinamente brasileiro para o futebol, que é palavra derivada do inglês. Se desejar aumentar a sua cultura e provocar espanto nos torcedores, use a palavra *balípodo* – inventada pelo gramático Castro Lopes para substituir o anglicismo futebol. Seja brasileiro! Diga balípodo. Embora eu nada entenda de futebol, minha editora pressionou-me a escrever no estilo do "bobo da corte". E saiu o livro *Futebol levado a riso* (Verus Editora), onde você encontrará Futebol e Infância, e Geometria, e Poesia, e Religião, e Sadismo, e Torcida, e Guerra, e Matemática, e Saúde, e Política...

DICIONÁRIO

Imagine que os gramáticos se reunissem num congresso e resolvessem fazer uma reforma no Aurélio, à semelhança do gramático Castro Lopes, que quis inventar a palavra "balípodo" para substituir o anglicismo “futebol”. E assim, convencidos de que tinham poderes para inventar palavras, dissessem que, dali para a frente, haveria uma única palavra para designar tatus e borboletas. Assim, se alguém quisesse falar sobre “tatus”, escreveria “tatus”: vi um tatu cavando a terra.... E se alguém quisesse falar sobre borboletas, escreveria “tatus”: vi um tatu voando de flor em flor. Vão me dizer que isso é doidice. Que os gramáticos são pessoas de juizo. Digo que não são. Eles decretam o uso de uma única palavra para designar coisas totalmente diferentes. Aboliram “estória”. Só é português a palavra “história”. Mas “estória” e “história” são coisas totalmente distintas, são entidades de mundos diferentes. Guimarães Rosa é taxativo: Estória não quer ser história. Estória é contra a história. Se o revisor obedecesse o Aurélio, o texto de Guimarães Rosa ficaria: A história não quer ser história. A história é contra a história. Alguém está louco. Digo que é o dicionário.

LINGUAGEM

Antes da Torre de Babel não havia intérpretes porque todos entendiam o que todos falavam. Os intérpretes se tornaram necessários depois da confusão de línguas. “Interpretar” é dizer em linguagem que se entende aquilo que uma pessoa disse numa linguagem que não se entende. Os presidentes, embaixadores e reitores se valem de intérpretes. Acho que os intérpretes, quando os presidentes e reitores dizem besteiras, deveriam mentir, para não passar vergonha. Já vi intérpretes envergonhados. A interpretação começa com esta pergunta: “O que é que ele – ou ela – quis dizer?”. Versos da Cecília: “E no fundo dessa fria luz marinha nadam meus olhos, baços peixes à procura de mim mesma". O que é que ela queria dizer? Para se fazer essa pergunta, é preciso se admitir que ela, a poeta, quis dizer algo mas não conseguiu. A poeta sofria de deficiência linguística. Mas o fato é que um poeta nunca "quer dizer algo". O que ele diz é o que ele quer dizer. A resposta a um poema não é uma interpretação, é outro poema.

PALIMPSESTO

Nosso corpo fala línguas que ele mesmo desconhece... Em tempos antigos, quando se escrevia em couro, costumava-se apagar um texto a fim de escrever um texto novo. As palavras eram raspadas, e a superfície do couro era alisada com o auxílio de presas de elefante. Quando se percebia que nada do antigo texto restava, fazia-se uma nova escrita. E a antiga estava perdida, para sempre... Eles não sabiam, entretanto, que dentro do couro o texto antigo permanecia, invisível. Hoje, graças a técnicas modernas, ele pode ser recuperado. Eram os palimpsestos: couro sobre o qual muitos textos eram escritos. Nossos corpos: palimpsestos...

O INÍCIO E O FIM

Há palavras que crescem a partir de dez mil coisas e palavras que crescem a partir de outras palavras. Seu número não tem fim. Mas há uma palavra que brota do silêncio, a Palavra que é o começo do mundo.

SEM CONCLUSÃO

Conclusões são chaves que fecham (do latim *con* e *claudere*, fechar). Palavras não conclusivas, que deixam abertas as portas das gaiolas para que os pássaros voem de novo. Cada conclusão faz parar o pensamento. Como nos livros de Agatha Christie: resolvido o crime, nada sobra em que pensar. E não adianta ler o livro de novo. Quando o pensamento aparece assassinado, pode-se ter a certeza de que o criminoso foi uma conclusão...

A SABEDORIA DA LOUCURA

Não é significativo que a língua inglesa chame as bebidas alcoólicas pelo nome de *spirits*? Donde essa curiosa sugestão? Penso que ela tem origens religiosas. No Pentecostes, os discípulos foram possuídos pelo Espírito, falaram e entenderam línguas que até então lhes eram desconhecidas, e os circunstantes tiveram a nítida impressão de que estavam bêbados. Pentecostes é loucura, nonsense, a quebra das regras familiares de compreensão, a revelação de um conhecimento que havia permanecido oculto até então, é Babel ao contrário. A sabedoria emerge da loucura. Aquilo a que damos o nome de "realidade" é "feitiço". "É preciso fazer parar o mundo", dizia D. Juan, o bruxo. Se isso não acontecer, ele não poderá ser visto com olhos diferentes.

PALAVRA LIDA

Minha leitura é não leitura, meus textos, pre-textos: gaiolas-palavras sem nada dentro, portas abertas, cujo propósito é criar o vazio para que a Palavra esquecida se diga. Na verdade, pouco importa o que digo e escrevo. O que importa são as palavras que se dizem, vindas das funduras de quem lê.

A LETRA MATA

A psicanálise nasceu com a descoberta de que as palavras são cheias de silêncio. Aqueles que só entendem o que é falado ou escrito não entendem coisa alguma: a letra mata.

GLOSSOLALIA

O corpo fala línguas ininteligíveis: glossolalia. A verdade vive no avesso daquilo que é conhecido com familiaridade. Sabedoria é loucura, loucura é sabedoria.

PALAVRAS FALSAS

Todas as palavras, tomadas literalmente, são falsas. A verdade mora no silêncio que existe em volta das palavras. Prestar atenção ao que não foi dito, ler entre as linhas. A atenção flutua: toca as palavras sem cair em suas armadilhas, sem ser por elas enfeitiçada. Cuidado com a sedução da clareza! Cuidado com o engano do óbvio!

SILÊNCIO

O silêncio é o espaço onde as palavras nascem e começam a se mover. Por vezes, as palavras existem porque as dizemos. Dependem de nossa vontade de pensar, de falar, de escrever: pássaros engaiolados. Mas no silêncio ocorre uma metamorfose. As palavras se tornam selvagens, livres. Elas tomam a iniciativa. E só nos resta ver e ouvir. Elas vêm como emissárias de um outro mundo, um mundo que não havíamos visitado antes. Não, talvez o tenhamos visitado. Talvez tenhamos nascido nele. Mas foi esquecido quando o brilho dos reflexos nos fez esquecer nossas origens. Cada poema é um testemunho desse mundo perdido.

VERDADE ESCONDIDA

"O que é que você queria *precisamente* dizer?" – essa é a pergunta do professor de filosofia. Mas a visibilidade total é totalitária: ela enche os espaços interiores da alma com imagens de fora, e, assim, a verdade que mora escondida é forçada a permanecer em silêncio.

ESQUECIMENTO

Penso, logo existo. Estou onde penso. Mas agora o mundo é forçado a parar e tudo se inverte. Onde eu penso, lá não estou. Estou onde não penso. As palavras que sei não são a minha verdade. Meu ser mora no lugar do esquecimento.

BELEZA PERDIDA

O corpo: uma fina camada de carne tecida sobre o abismo da beleza, cuja única evidência é a palavra. Todas as vezes que a estória é recontada, que as palavras são recitadas, que a melodia é de novo ouvida, que o mito é repetido, voltamos às nossas origens: a carne estremece ao ouvir os sons que invocam as imagens de nossa beleza perdida.

LITERATURA

ÁGUAS BARRENTAS

Mesmo águas barrentas podem refletir cenários luminosos e coloridos. Tal é o caso do desenho de Escher denominado *Poça d'água* – a estrada enlameada, os sulcos barrentos deixados pelos pneus, a água empoçada: mas na água barrenta, refletidas, as copas dos pinheiros contra o céu azul... Imagino que Escher pode ter se inspirado em Nietzsche para fazer o seu desenho. "A alegria do artista que desafia todo sofrimento é meramente uma imagem brilhante de nuvens e céu espelhada no lago negro da tristeza."

OLHOS DE POETA

Ela entrou, deitou-se no divã e disse: "Acho que estou ficando louca". Eu fiquei em silêncio, aguardando que ela me revelasse os sinais da sua loucura. "Um dos meus prazeres é cozinhar. Vou para a cozinha, corto as cebolas, os tomates, os pimentões – é uma alegria! Aconteceu, entretanto, faz uns dias, que eu fui para a cozinha para fazer aquilo que já fizera centenas de vezes: cortar cebolas. Ato banal, sem surpresas. Entretanto, cortada a cebola, eu olhei para ela e tive um susto. Percebi que nunca havia visto uma cebola. Aqueles anéis perfeitamente ajustados, a luz se refletindo neles: tive a impressão de estar vendo a rosácea de um vitral de catedral gótica. De repente, a cebola, de objeto a ser comido, se transformou em obra de arte para ser vista! E o pior é que o mesmo aconteceu quando cortei os tomates, os pimentões... Agora, tudo o que vejo me causa espanto..." Ela se calou, esperando o meu diagnóstico. Eu me levantei, fui até a estante de livros e de lá retirei as *Odes elementales*, de Pablo Neruda. Procurei a "Ode à cebola" e lhe disse: "Essa perturbação ocular que a acometeu é comum entre os poetas. Veja o que Neruda disse de uma cebola igual àquela que lhe causou assombro: 'rosa de água com escamas de cristal...' Não, você não está louca. Você ganhou olhos de poeta... *Os poetas ensinam a ver*". Fiquei mordido de curiosidade. Cheguei em casa à noite (todo mundo já estava dormindo), fui à cozinha, escolhi uma cebola robusta e cortei uma fatia, não no sentido horizontal, redondo, mas no sentido vertical, que fica com o formato de um pingo d'água. Coloquei a fatia num prato e cuidadosamente "pinguei" o pó de colorau no centro da fatia. O centro ficou com um vermelho forte que se foi espalhando, assumindo o formato da chama de uma vela.

ESCRITA

Amo os aforismos. E Nietzsche tinha paixão por eles: "Quem quer que escreva com sangue e aforismos não deseja ser lido, mas ser sabido de cor. Nas montanhas, o caminho mais curto é de pico a pico: mas, para isso, é preciso ter pernas longas. Aforismos deveriam ser picos – e aqueles a quem são dirigidos também deveriam ser altos e elevados. O ar é puro, o perigo está próximo e o espírito está cheio de um sarcasmo jovial: esses dois vão bem, juntos...".

Aforismos são relâmpagos: caem do céu com um estampido e racham pedras. Suas origens são irrelevantes. Dispensam razões. Riem-se dos que tentam explicá-los. Valem por si mesmos, como se fossem estrelas. "Um bom aforismo não é consumido pelos milênios, muito embora ele seja alimento a cada momento: esse é o grande paradoxo da literatura, o permanente no meio das mudanças, a comida que permanece sempre gostosa, como sal, ela não perde o sabor..." Veja esse aforismo de Oscar Wilde. Este, de aparência inocente, produz uma infinidade de faíscas. "É triste mas é verdade: perdemos a capacidade de dar nomes suaves às coisas. Os nomes são tudo. Eu nunca me queixo das coisas. Queixo-me das palavras. É por este motivo que odeio o vulgar naturalismo na literatura. O homem que chama a enxada de enxada deveria ser forçado a usá-la. É a única coisa que ele sabe fazer." Lido o aforismo há um momento de silêncio. É preciso pensar, observar o que o aforismo faz conosco, que associações ele provoca. Aí o pensamento da Lenir deu um pulo. Lembrou-se de algo que o Guido lhe dissera, rindo: "O fim de uma possível noite de amor acontece quando a mulher diz ao namorado: 'Dá licença, benzinho, preciso urinar...'. Ah! Palavra terrível essa! Destruidora de romances! Tudo teria sido diferente se ela tivesse dito: 'Benzinho, licença, preciso fazer um xixizinho...'. Xixizinho, que bonitinho, poético, as menininhas fazem xixizinho, a fantasia da mulher amada fazendo xixizinho, tão íntimo, tão excitante...". Mas alto lá! O dicionário diz que fazer xixi e urinar são sinônimos. Se são sinônimos referem-se à mesma coisa. São nada. As coisas são os nomes que pomos nelas. Por isso Oscar Wilde disse que não se queixava das coisas. Queixava-se dos nomes. É preciso dar nomes suaves às coisas para que elas, as coisas, fiquem suaves. Urinar não é um nome suave para a dita coisa. Urinar era aquilo que se fazia no penico, com todos os seus ruídos metálico-espumantes. Lembro-me, em Minas, eu tinha uns sete anos. Estavam hospedados em nossa casa o Sigismundo e a Leonina. Tinham vindo da roça para consultas médicas. Fazia parte das gentilezas da hospitalidade que os hóspedes fossem providos de penicos. Pois estou vendo a cena: a Leonina, saindo do quarto pela manhã portando um penico cheio do líquido amarelo e explicando a todos: "O Sigismundo urinou muito de noite...". Urinar é também aquilo que se faz no laboratório de análises. "Despreze o primeiro jato da urina", diz a enfermeira. A palavra mijar, por sua vez, é moradora dos mictórios ou, como dizem os portugueses, dos urinóis. Xixi, como a palavra está onomatopaicamente indicando, é parente dos sons musicais dos violinos. Quem faz xixi está tocando violino. Aprendam então a usar a palavra certa. Sinônimos não dão certo. Muitas promissoras relações amorosas acabam por causa de um nome aparentemente inocente. Cuidado com os nomes!

OVO

Hoje tive uma experiência mística. Eu vi um ovo. Sei que "Ivo viu um ovo", como diziam as cartilhas antigas. Cartilhas não mentem. Se elas diziam que "Dedé deu o dedo à Diva", é porque Dedé deu o dedo para a Diva. Para que Dedé deu o dedo para Diva, isso elas não dizem. E nem devo perguntar. Todo mundo viu um hoje. Mas o ovo que eu vi, eu não vi. Vi outro. Escreveu a

Adélia: "De vez em quando Deus me castiga e me tira a poesia. Olho uma pedra e vejo uma pedra...". O Drummond viu uma pedra e não viu uma pedra. A pedra que ele viu virou poema. Eu sempre olho um ovo e vejo um ovo. Hoje, tocado pela poesia, vi o ovo e não vi o ovo. Quando vi o ovo fiquei mais assombrado do que quando contemplo a Via Láctea. Porque um ovo, se uma galinha se assenta sobre ele durante vinte e um dias, dele sai um pintinho. Pobres dos meninos de hoje. Nunca contemplarão o milagre dos ovos se abrindo... Mas a Via Láctea, se algum ser superior a "chocar", nenhum pintinho vai sair. Ou vai? Quem sabe a Terra é o pintinho que saiu do ovo via Láctea chocado por milhões de anos por uma Galinha Divina? Não sei. Tudo é mistério. Tudo é possível. Viver é muito perigoso.

AOS QUE NÃO GOSTAM DE LER

Nada tenho a dizer aos que gostam de ler. Eles já sabem. Mas tenho muito a dizer aos que não gostam de ler. Pena é que, por não gostarem de ler, é provável que não leiam isso que vou escrever. O que tenho a dizer é simples: "Vocês não sabem o que estão perdendo". Ler é uma das maiores fontes de alegria. Claro, há uns livros chatos. Não os leiam. Borges dizia que, se há tantos livros deliciosos de serem lidos, por que gastar tempo lendo um livro que não dá prazer? Na leitura fazemos turismo sem sair de casa, gastando menos dinheiro e sem correr os riscos das viagens. *Xógum* me levou por uma viagem ao Japão do século 16, em meio aos ferozes samurais e às sutilezas do amor nipônico. *Cem anos de solidão*, que reli faz alguns meses, me produziu espantos e ataques de riso. Achei que o Gabriel García Márquez deveria estar sob o efeito de algum alucinógeno quando o escreveu.

Lendo, você experimenta o assombro do seu mundo fantástico sem precisar cheirar pó. É isto: quem lê não precisa cheirar pó. Nunca tinha pensado nisso. A poesia de Alberto Caeiro me ensina a ver, me faz criança e fico parecido com árvores e regatos. Agora, essa maravilha de delicadeza e pureza, do Gabriel velho com dores no peito e medo de morrer: *Memórias de minhas putas tristes*. Li, ri, me comovi, fiquei leve e fiquei triste de o ter lido porque agora não poderei ter o prazer de lê-lo pela primeira vez. Pena que vocês, não leitores, sejam castrados para os prazeres que moram nos livros. Mas, se quiserem, há remédio...

LIVRO DELICIOSO

Ondjaki é escritor angolano. O livro dele *O assobiador* é uma delícia. Enquanto se lê ficamos felizes... "O canto dos pássaros altera a música da primavera. A queda das flores perfuma a luz da tarde".

ANTROPOFAGIA

Um amigo falou-me de uma banca de doutorado de que participou. Era sobre os índios Ianomâmi, mais especificamente, sobre seus rituais antropofágicos. Os rituais antropofágicos, nós os sentimos como primitivos e repulsivos. Mas os Ianomâmi têm explicações diferentes. "Vocês se chamam de civilizados e nos consideram selvagens por devorarmos os nossos mortos. Vocês não amam os seus mortos. Fazem sepulturas profundas para enterrá-los e para serem devorados pelos vermes. Mas nós os amamos. Queremos que eles vivam. E há uma única forma de fazê-los viver: se eles viverem em nós, se eles forem incorporados ao nosso sangue e à nossa carne. Mas, para que isso aconteça, para que eles continuem vivos, é preciso que nós os comamos."

Murilo Mendes escreveu: "No tempo em que eu não era antropófago, isto é, no tempo em que eu não devorava livros – e os livros não são homens, não contêm a substância, o próprio sangue do homem?" (*A idade do serrote*).

Há autores que li sem que os tivesse amado. Não os devorei. Suas ideias ficaram guardadas na minha cabeça. Outros, que amei, devorei. Passaram a fazer parte do meu corpo. Aquilo que se come não continua o mesmo depois de comido. É assimilado: fica semelhante a mim. Batatas, cenouras e carnes, uma vez comidas, deixam de ser batatas, cenouras e carnes. Passam a ser parte de mim mesmo, minha carne, meu sangue. Assim acontece com os autores que devorei e cito. Só os cito porque se tornaram parte da minha carne e do meu sangue. Eu os conheço "de cor" – isto é, como parte do meu coração. Deixaram de ser eles. São eu.

A eucaristia é uma metamorfose alquímica pela qual uma substância é transformada em outra: o pão e o vinho se tornam carne e sangue. Quem come o pão e bebe o vinho come a carne e bebe o sangue. Eucaristia é antropofagia. A essa magia os teólogos medievais davam o nome de transubstanciação: uma substância se transforma em outra. Nietzsche e Guimarães Rosa falam sobre uma alquimia parecida, em que o sangue é transformado em palavra. Quem lê, bebe o sangue de quem escreveu. O ritual da leitura é, como a eucaristia, uma refeição antropofágica.

A PALAVRA E O POETA

Faz muito tempo, eu gostava mesmo era da claridade. Aí fiquei amigo de um poeta. Mostrei-lhe meus textos. "Luz de mais, luz de mais", ele reagiu com desgosto, como se seus olhos só gostassem da noite. "É preciso misturar um pouco de neblina e de sombra às suas palavras, é preciso borrar os contornos... Você não sabe que uma ideia clara faz parar a conversa, enquanto uma ideia mergulhada na sombra dá asas às palavras e a conversa não tem fim?"

A ÚLTIMA PALAVRA

Mallarmé tinha o sonho de escrever um livro com uma palavra só. Achei-o louco. Depois compreendi. Para escrever um livro assim, de uma palavra só, seria preciso ter-se tornado sábio, infinitamente sábio. Tão sábio que soubesse qual é a última palavra, aquela que permanece solitária, depois que todas as outras se calaram. Mas isso é coisa que só a Morte ensina. Mallarmé certamente era seu discípulo. Minha última palavra será: "É bom viver...".

O VAZIO

Estórias são como poemas. Não são para ser entendidas. O que é entendido nunca é repetido. O entendimento esgota o sentido da palavra. Deixa-a vazia com nada mais a ser dito. Quando uma palavra é entendida, segue-se um silêncio morto.

As estórias são como uma sonata, um abraço de amor, um poema, um pôr de sol: queremos a repetição porque seu sabor é sempre novo. Parecem-se com gaiolas. São construídas com grades de palavras. Mas estão vazias. Nelas mora o Vazio, que não se enche nunca. A roda só pode rodar porque seu coração é um vazio. O vaso só pode conter a água por causa do vazio que ele contém.

O pensamento exige o Vazio, pois é nele que o inesperado aparece. Algo que era sabido por aqueles que construíram as catedrais góticas: as paredes, os relevos, as esculturas, os vitrais – todos eles construídos para trazer à existência um espaço vazio. "Pensar", diz Octavio Paz, "é produzir o vazio para que o ser aflore."

LAGO MISTERIOSO

Muito antes da psicanálise, os poetas o sabiam. Os poetas buscam as palavras que moram no silêncio. A poesia é um mergulho no lago misterioso, um atravessar do espelho, para longe do engano da superfície dos reflexos, para dentro das funduras onde as palavras nascem e vivem...

PARA SEMPRE

Minha filha, quando pequena, me perguntava sempre se a estória que eu começava a contar havia acontecido de fato. E eu não sabia o que dizer. Como poderia eu lhe explicar que aquela estória se repetia sempre justamente por nunca haver acontecido no passado, na terra distante? É preciso que nunca tenha acontecido para que possa acontecer sempre...

POESIA NÃO SE ENSINA

Poetas não podem ser treinados para serem poetas. Técnicas de rima e métrica – isso é possível ensinar. Mas a poesia vem com o vento... Não é possível aprender a ser músico. Eu, pessoalmente, me esforcei muito para ser pianista, mas o máximo que consegui foi ser um pianeiro. Por vergonha, abandonei o piano. Meu amigo Décio Lauretti, que trabalhou duro para aprender o ofício de médico-cirurgião, é pianista pela graça de Deus. O piano, o corpo dele sabe sem precisar pensar. Já nasceu sabendo. Na verdade, o pensamento até atrapalha. O pensamento vai sempre a reboque do corpo, espantado com o que o corpo é capaz de fazer.

MÚSICA

O FLAUTISTA

São 20h20. Estou sozinho. O silêncio é total. Nenhum resquício de voz humana. Toca o telefone. Antes de atender, verifico o número do telefone que me chama. O código é "85". O telefonema vem de longe, lá do norte do Brasil. Adivinho quem está me chamando. É o Marcelo, lá da cidade de Aquiraz, perto de Fortaleza. Já contei a história dele noutro livro, da flauta que ele comprou com o dinheiro que conseguiu ajuntar catando moedas que encontrava no chão. Mas não era uma flauta de verdade. Era um pífaro, flauta doce de plástico. A flauta que ele queria era uma flauta transversal de concerto. "Vai levar muito tempo pra eu ajuntar dinheiro pra comprar a flauta transversal procurando moedas no chão...", ele disse. Voltando a Campinas, contei a história dele no jornal. Uma senhora leu, simpatizou, e ofereceu para o Marcelo uma flauta italiana que fora de seu pai. Daí pra frente, não foi possível segurá-lo. Matriculou-se no conservatório, formou-se regente e passou a dedicar-se à sua grande paixão: formar orquestras com a meninada pobre da região. Ele pediu que eu ficasse com o fone no ouvido. E o que eu ouvi foi a

"Aquarela", do Toquinho. Terminada a execução, ele explicou: "É a primeira música que essa orquestra de 85 crianças toca para um público. Nosso primeiro público é o senhor. Elas são da comunidade de Vila Pagã" – *eta nome arretado*! – "Uma homenagem para o senhor e para a Papirus, editora que nos deu um dinheiro de direitos autorais que usamos para comprar os flautins..."

MÚSICA DA MINHA ALMA

Eu não vou cometer *seppuku*, mas já escolhi um poema que reflete a minha alma. Do Vinícius... "Para isso fomos feitos: para lembrar e ser lembrados, para chorar e fazer chorar, para enterrar os nossos mortos. Por isso temos braços longos para os adeuses, mãos para colher o que foi dado. Dedos para cavar a terra. Assim será nossa vida: uma tarde sempre a esquecer, uma estrela a se apagar na treva, um caminho entre dois túmulos. Por isso precisamos velar, falar baixo, pisar leve, ver a noite dormir em silêncio. Não há muito o que dizer: uma canção sobre um berço, um verso, talvez de amor..."

Fico, entretanto, numa dúvida. Vou querer um poema ou uma música? Talvez os dois. Um poema e uma música: mínima liturgia. Mas a escolha é difícil, porque gosto de muitas músicas. O *Réquiem*, de Fauré; a *Balada em sol menor*, de Chopin; o primeiro movimento da *Sonata ao luar*, de Beethoven; o segundo movimento do *Concerto para piano em sol maior* de Ravel; o segundo movimento do *Concerto nº 2*, de Rachmaninoff; *Ó pedaço arrancado de mim*, do Chico.

Mas, entre todos os que amo, eu escolheria o CD *Bach*, uma seleção de músicas de J. S. Bach, na fantástica versão que o grupo Uakti lhes deu, para serem dançadas pelo Grupo Corpo.

É uma celebração do triunfo da vida sobre a morte. A alma desce à sepultura em meio a lágrimas e ressurge triunfante em meio a risos.

MÚSICA E AMOR

Faz uns tempos recebi um CD de Portugal. Quem o enviava era um jovem pianista que eu desconhecia. Seu nome? Ruben Alves... Isso mesmo: o que nos separava era apenas uma letra... Antes de ouvir a música, li a frase que estava impressa na capa: "*Não se ama alguém que não ouve a mesma canção*". É a pura verdade. E isso porque a alma, no seu lugar mais profundo, é uma canção. Até escrevi um livro para crianças e adultos sobre isso: *O Barbazul.*

MÚSICA

Os filósofos antigos achavam que o universo era uma orquestra tocando música, cada astro era uma esfera sonora. Achavam que a função da ciência era encontrar meios para escrever a partitura divina de forma que ouvidos mortais a pudessem ouvir, música que Deus estava tocando desde a Criação, como um cânon sem fim, girando sempre, girando sempre. A Igreja acreditava já ter encontrado essa música, era o canto gregoriano. E eu me sinto tentado a acreditar porque, como o papa, adoro canto gregoriano. O biólogo Jakob von Uexküll afirmou que cada organismo é uma música que se toca. O corpo é um instrumento, hardware de carne e osso no qual um software musical foi instalado. A alma é um buraco escuro onde moram músicas. Assim sentiu Bernardo

Soares: "Minha alma é uma orquestra oculta; não sei que instrumentos tange e range, cordas e harpas, timbales e tambores, dentro de mim. Só me conheço como sinfonia".

De Harmonice Mundi – as harmonias dos mundos –, foi esse o nome que Kepler deu ao livro em que relatou a sua descoberta das três fórmulas matemáticas que exprimem o movimento dos planetas. Por dezoito anos, ele havia trabalhado até chegar àquele resultado. Para ele era mais que matemática. Era música! Os astros, esferas celestes, tocavam música, música composta pelo Criador. O Criador esperara por seis mil anos por uma criatura que a ouvisse. Kepler fora o primeiro a ouvi-la.

Lendo o livro de José Miguel Wisnik *O som e o sentido,* aprendi muitas coisas sobre esse mundo esquecido em que a matemática e a música, duas irmãs gêmeas, dançavam. Sabiam os teólogos medievais que a música das esferas celestes era superior à música que os homens inventavam. E que música era essa que fazia audíveis aos ouvidos humanos a música do universo? Era o canto gregoriano. O canto gregoriano imita os astros. Cada esfera celeste é uma nota da escala musical.

Eterna e imutavelmente, o canto gregoriano se repete, como convém a uma obra de Deus. O que é completo e perfeito não admite novidades. Novidades são perturbações da ordem, como se algum planeta, enlouquecido, fugisse da sua órbita perfeita.

Música de novidades é música do tempo imperfeito, tempo do formigamento humano, tempo que ainda não encontrou o seu destino. O canto gregoriano é música do tempo perfeito, tempo que já encontrou o que buscava e que se repete, eternamente. Nas palavras da doxologia: "Como era no princípio, é hoje e para sempre, séculos sem fim, amém".

A alma de S.S., o papa Bento XVI, vive nesse mundo de perfeição musical. Essa é a razão por que ele deseja o retorno do canto gregoriano. A missão da Igreja não pode ser outra que a de eliminar os ruídos humanos para que apenas a música divina se faça ouvir. Compreende-se então o seu repúdio às novas formas de música que invadiram a liturgia após o Concílio do Vaticano, música de planetas enlouquecidos, música de ruídos, do efêmero, das improvisações, de protestos, de sentimentos...

Como admitir novidades nessa música na liturgia se o Criador revelou à Igreja, e somente a ela, a sua música?

A Igreja não pode tolerar cantores desafinados, que rompem as harmonias celestiais cantando cantos que eles mesmos inventaram. Igreja, Babel feliz antes da confusão de línguas, todos falando a mesma língua enquanto se trabalha na construção da torre que haverá de atingir as estrelas. Essa é a missão evangelizadora.

A Igreja é a cura para a confusão de línguas, o retorno à mono-língua, tão em harmonia com a mono-tonia do canto gregoriano. Cada cantor há de se esquecer dos seus sentimentos e pensamentos para se entregar à mono-língua sagrada.

E é por amor à sua vocação musical que a Igreja, desde os tempos da Inquisição, tem se esforçado por silenciar os cantores dissonantes, não por crueldade (embora possa parecer), mas por amor à beleza da música dos céus. Os cantores dissidentes têm de ser silenciados para que a música das esferas seja ouvida.

Grande lição essa: o preço da harmonia universal é a renúncia à liberdade individual. Sacrifício, sim, mas pequeno diante da beleza da música de Deus.

MORTE DO COMPOSITOR

Era uma cidade antiga e pequena onde havia as coisas que todas as cidades antigas e pequenas tinham: casas brancas de taipa, janelas e portas de madeira grossa, galinhas e cabras andando pelas ruas, os fogões de lenha acesos o dia inteiro, café com queijo e biscoito de polvilho pelo meio da tarde e cadeiras de vime na calçada ao cair da tarde. E havia também uma banda de música que era a alegria da molecada quando passava e fazia retretas no coreto nas noites de domingo. Vivia também nessa cidade um músico compositor que alimentava a banda com as suas composições. Relata-se que suas composições tiveram um destino inglório. Morto o maestro e não sabendo que destino dar-lhes, a família decidiu deixá-las guardadas no porão. Aconteceu, entretanto, que, por descuido de alguém, a porta do porão ficou aberta. Um cabrito, passando por ali e vendo a porta aberta, resolveu entrar para ver o que havia dentro do porão. Qual não foi a sua surpresa quando se viu diante daquela refeição deliciosa formada pelas partituras do compositor, que ele devorou inteiras. Conta-se que esse mesmo compositor estava na cama, vivendo seus últimos momentos de vida, toda a família reunida ao seu redor esperando suas últimas palavras e o desfecho. Nesse momento, a banda veio marchando e tocando pela rua do maestro. Foi então que ele, quando a banda passou defronte a sua casa, sofreu um estremeção, seu rosto se contorceu aflito e ele fez menção de que desejava falar. Todos se aproximaram, levantaram-no do travesseiro para que falasse com mais facilidade. E foi isto que ele falou: "A clarineta desafinou o si bemol...". E morreu.

ALEGRIA

Dentro de cada pessoa que procura terapia, por detrás dos 10 mil sintomas que elas trazem, existe um único pedido: "Não quero prazer. Eu quero alegria!". Ah! Se eu soubesse o segredo da alegria, como sei o segredo das sopas que dão prazer! Não há receita para alegria. Ela vem porque vem, sem que se saiba como ou de onde. Como o vento que sopra, como um pássaro encantado que vem e vai...

Minha contribuição à teoria psicanalítica: afirmo que mais fundo que o "princípio do prazer" está o "princípio da alegria". A alma tem poderes mágicos, alquímicos. Ela sabe fazer alegria com o sofrimento. Segundo Nietzsche, esse é o segredo do teatro grego. Por isso o público voltava ao teatro para chorar com a tragédia: era lá que morava a beleza. Como explicar o deleite estético que se tem na ópera, a despeito do seu drama? Por que se volta à cena do sofrimento? Porque lá a tragédia está transfigurada pela beleza. A beleza, como sugeriu Rilke, nos permite contemplar o Horrendo, sem sermos por ele destruídos.

O prazer é incompatível com sofrimento. Mas a alegria frequentemente aparece como o artista que transforma o sofrimento em beleza. "Valeu a pena? Tudo vale a pena, se a alma não é pequena. Quem quer passar além do Bojador tem que passar além da dor. Deus ao mar o perigo e o abismo deu. Mas nele é que espelhou o céu." (Fernando Pessoa)

Que pena! Só fui ver o filme *O segredo de Beethoven* quando ele já estava se despedindo de Campinas. Agora digo a vocês: se ainda estiver em cartaz, não deixem de vê-lo. Se ele já se foi, aguardem o DVD. Para mim, foi uma experiência de felicidade que não me cansarei de repetir. É uma combinação de música, beleza, genialidade, sofrimento, humanidade, vida, morte e triunfo! Beethoven estava velho (muito mais moço que eu!), doente, solitário e surdo. Poderá haver desgraça maior para um músico que ficar surdo? No entanto, na sua gigantesca última sinfonia, ele sabia que seria a última, ele faz o coro cantar, para terminar o último movimento, a "Ode à alegria", de Schiller. "Alegria": essa é a palavra final da sua música, mesmo em meio ao sofrimento. No filme, combinação de realidade e fantasia, Beethoven diz à jovem que copiava suas partituras que ele só aprendeu a escutar depois que ficou surdo. Porque então a música lhe vinha pura, no silêncio da alma. Sempre que penso em Beethoven, eu o vejo sobre um rochedo, o mar furioso lá embaixo, a espuma das águas molhando os seus pés – ele levanta os braços, o mar se acalma e canta... Se você perdeu o filme e não está familiarizado com a sua música, vão aí algumas dicas. Nelson Freire gravou quatro das suas sonatas: a *Waldstein*, *Les Adieux*, *Ao luar* e a *Op. 110, nº 31*. Outras sonatas: a *Patética*, a *Appassionata*. Os concertos para piano e orquestra números 3, 4 e 5. *Concerto para violino e orquestra em ré*. A quinta, a sexta e a nona sinfonias. Sobre a *Appassionata*, Lenin escreveu a Gorki que seria capaz de ouvi-la o dia inteiro. O que me leva a imaginar que, se naquele tempo houvesse CD, é possível que a revolução comunista não tivesse acontecido.

MÚSICA ANTIGA

No semáforo, a mocinha aproximou-se com um folheto imobiliário na mão. Desci o vidro para recebê-lo. Aí ela ficou estática e se aproximou um pouco mais da janela aberta. A música que estava tocando a surpreendera. Era totalmente nova para ela. "Nunca ouvi música assim. É música antiga?"

DEFICIENTE

Rabeca é um violino portador de deficiência. Há muito violino fino sem deficiência que só desafina. Nas mãos do Gramani (que não era músico porque era música...), uma rabeca, feita de bambu gigante, deficiente, toca Bach. Pois assim são as pessoas... Gramani, onde andará você com suas rabecas? Saudades...

TUDO É MÚSICA

Quando sentimos a beleza da música tornamo-nos música. Somos a beleza que estamos ouvindo. É uma alegria efêmera porque, em oposição à pintura e à escultura, artes que fixam a beleza fora do tempo, a beleza da música só acontece no tempo: beleza que vai nascendo e morrendo. Acho a música a mais humana de todas as artes, porque assim somos nós...

OUVIDOS SURDOS

Beethoven ouvia música sendo surdo. Mas há uma quantidade enorme de pessoas que não se dão conta da existência da música, tendo bons ouvidos. Conheci um rico fazendeiro em Campinas que se gabava de que, para ele, música não passava de barulheira. E concluía: "A única música que reconheço é o som dos sinos que minhas vacas holandesas trazem pendurados ao pescoço".

Para mim, uma tal declaração era sintoma de uma educação grosseira. Mas, passados alguns anos, recebi da Tomiko, como presente, o livro *Alucinações musicais*, do neurologista Oliver

Sacks, em que ele sugere haver condições neurológicas que impedem que uma pessoa experimente o prazer estético da música.

SILÊNCIO

Num concerto, o teatro cheio, ouve-se o sussurro das pessoas que conversam baixinho antes do início. Na frente, o palco vazio e, no seu centro, um piano Steinway. De repente, as luzes se apagam, fica apenas o palco iluminado: é sinal de que o pianista vai entrar. Faz-se um silêncio absoluto. Ele entra vestido a rigor, sobrecasaca. Assenta-se ao piano, arruma o rabo da sobrecasaca atrás do banco, concentra-se por alguns segundos, coloca suas mãos sobre o teclado e a música se inicia. John Cage foi um compositor do século 20 com muitas ideias curiosas, nem sempre bem recebidas pelo público. Uma delas é uma peça que compôs para piano. Acontece como descrito, o pianista se assenta, arruma a sobrecasaca, concentra-se, concentra-se, concentra-se, concentra-se... Não. Ele não está se concentrando. Ele está tocando... o silêncio. A presença do piano e do pianista tem um único propósito: criar o silêncio absoluto. No meio do silêncio absoluto, as pessoas começam a ouvir sons incomuns: o pulsar do coração, a música dos gases movendo-se nas curvas apertadas dos intestinos, o pigarro, um espirro, o som quase imperceptível do tráfego na rua distante...

A MÚSICA DO VIOLÃO

Das memórias mais gratas com meus filhos crianças estão os momentos em que, após o jantar, íamos para a sala de estar para ouvir música clássica. Meu filho se deitava no meu colo e o pedido era sempre o mesmo: "Papai, põe a música do violão...". Não era violão. Era um violino que ilustrava a capa da *Pequena serenata*, de Mozart. Acho que a música clássica, além do puro prazer da música, ensina várias outras coisas: o silêncio, a tranquilidade, a atenção. Nietzsche, no seu livro *O nascimento da tragédia grega no espírito da música,* observa que a música tem poderes mágicos: ela possui o nosso corpo, o corpo vibra ao seu ritmo e progressivamente vamos nos tornando parecidos com ela. Não gosto do nome "música erudita". Como se fosse música que somente professores universitários e esnobes chatos são capazes de sentir. Tomei birra de uma determinada marca de cerveja porque, num dos seus falecidos comerciais, a mensagem se baseava no contraste: quem gosta de música clássica é chato, velho e não bebe aquela cerveja. Mas quem gosta de música em volume alto e que faz agito enquanto todo mundo fala é jovem, legal e bebe a tal da cerveja. Quando não há outra alternativa, eu aceito beber essa cerveja mesmo... Cada música tem o seu ritual. Há músicas que pedem dança. Há músicas que provocam agito e participação, como nos grandes shows. Há músicas que pedem silêncio e tranquilidade.

SONATA

As estórias são como a música. Não se pergunta de uma sonata: "Será que ela aconteceu?". Não, ela nunca aconteceu. Uma sonata não é um retrato de algo acontecido. Aquilo que aconteceu está para sempre perdido no passado. Mas a sonata, toda vez que é repetida – a magia acontece de novo. A beleza deseja voltar.

BACH E MENDELSSOHN

Num congresso sobre educação, meu amigo Brandão, no meio da sua fala, declarou-se vegetariano. Terminada a fala, veio a minha vez. Ao final, um participante quis saber sobre a minha dieta, se eu era vegetariano também. Respondi: "Pela minha vontade, se eu tivesse poder, decretaria que nenhuma coisa viva seria sacrificada para se transformar em alimento. Todos seríamos vegetarianos. Mas, desgraçadamente, passo diante dos açougues nos supermercados e vejo, penduradas e expostas, partes de galinhas, vacas, porcos – o que me enche de indignação. Não quero que estejam mortos. Quero que estejam vivos. E há uma única forma de fazê-los viver de novo: devorando-os...". Minha explicação foi recebida com uma grande vaia. Em louvor aos carnívoros está o fato de que, se não fosse por causa de um carnívoro, não teríamos a música de Bach... E isso porque a música de Bach, depois da sua morte, foi esquecida e abandonada numa igreja. Algum zelador, ignorante de partituras, resolveu ganhar algum dinheiro com aqueles papéis velhos. Vendeu-os a um açougue que passou a usar a música de Bach para embrulhar carne. Feliz Mendelssohn, que comia carne, foi comprar os seus bifes naquele açougue, e assombrou-se com a música que embrulhava a carne. E foi assim, graças a um carnívoro, que podemos ouvir a Chaconna e a Ária sobre a quarta corda.

MÚSICA DO CORPO

O corpo é como a flauta, o órgão, o violão, o violino – coisa que só fica bonita quando dele sai música. Amamos um corpo pela música que nos faz ouvir.

NATUREZA

MEU OLHAR

"Perguntei à terra, perguntei ao mar e às profundezas, entre os animais viventes às coisas que rastejam. Perguntei aos ventos que sopram nos céus, ao Sol, à Lua, às estrelas, e a todas as coisas que se encontram às portas da minha carne... E tudo me respondia: '*Não sou o que tu procuras!*'. *Minha pergunta era o olhar com que as olhava. Sua resposta era a sua beleza...*" (Santo Agostinho)

NEVE

Quando a neve cai pela primeira vez, cobrindo com o seu lençol branco o orgasmo de vermelhos e amarelos das árvores que se despedem do outono, tudo fica em silêncio e tranquilo. Os pensamentos param de pensar e os olhos se enchem com os flocos macios que caem mansamente. Lembro-me do meu encantamento quando vi a neve cair pela primeira vez. Todos os olhos ficam encantados. Tudo para. A neve silencia todos os ruídos. É como se a natureza toda estivesse rezando. Miguel de Unamuno escreveu uma das mais belas descrições da magia da neve que eu conheço.

"A neve havia coberto todos os cumes rochosos da alma... Estava esta, a alma, envolta num manto de imaculada brancura, de pureza total, mas debaixo dele a alma tiritava de frio. Porque a pureza é fria, muito fria! Assim como ao pôr do sol, ao entardecer, as coisas não fazem sombras umas às outras, e como que se abraçam e se tornam irmãs na santa unidade do crepúsculo e mais tarde na negrura unificadora da noite, assim também na brancura da neve. A brancura desta e a negrura da noite são dois mantos de união, de fusão, quase de irmanação. A nevada silenciosa estende um manto de brancura, de nivelação, de aplainamento. É como a alma da criança e do ancião, planas e silenciosas. Os grande silêncios da alma da criança! Os grandes silêncios da alma do ancião!"

Brancura e silêncio! Diante da neve que cai, até as crianças ficam silenciosas. Talvez, ao escrever esse texto, Unamuno, já velho, tivesse no seu colo um neto: os dois, avô e criança, assentados diante de uma janela de vidro, o crepitar do fogo na lareira esculpindo sombras efêmeras nas paredes, e a neve caindo lá fora.

O SAPO E O SABIÁ

Os sapos no charco, ao ouvirem o canto do sabiá no galho da árvore, coaxaram em coro: É muito chato, é muito chato, é muito chato...

SOBRE OS GATOS

Nunca tive intimidade com os gatos e sempre os olhei de longe, com desconfiança. Meu preconceito é sustentado por uma estória que minha mãe contava de um gato que havia matado um padre. Imagino que tal padre deveria odiar o dito gato, o que explicaria o gesto assassino do felino, unhas na carótida sagrada. Sei que o gato não teria feito o que fez se para tal não houvesse razões.

Os bichos que amo são os cachorros, e eles me amam. Meu amor pelos cachorros tornou-se literatura num artigo que escrevi sobre minha cadela Lola, a pedido da redação da *Folha*. Olhando para os seus olhos, que estavam ternamente fixos nos meus, eu me perguntei: "O que será que ela pensa de mim?". Sobre isso escrevi.

Cães, nem sei quantos tive: pastores, dobermanns, dálmatas, boxers, weimaraners, cockers... Os dobermanns foram os mais obedientes; os boxers, os mais mansos e efusivos. A Nina, cadela dálmata, foi a mais desobediente e não gostava de crianças. Era preciso trancá-la quando havia crianças em casa.

Quando menino, eu sonhei ter um cãozinho. Mas nunca me foi permitido ter um. Realizei o meu sonho simbolicamente: comprei um caderno de desenho dos grandes no qual fui colando fotografias de cachorros que eu recortava de revistas. Meu amor pelos cachorros assim se realizou platonicamente.

Mas nunca tive simpatia pelos gatos. Também eles nada fizeram para que eu gostasse deles. Os cachorros são comunicativos, querem fazer amigos, são dotados de um humor italiano, fazem barulho, estão sempre sorrindo com o rabo, gostam de brincar e seu único desejo é agradar os seus donos. Uma amiga enviou-me um e-mail contando da sua cadela labrador, adolescente, chamada Lua.

Pois a Lua gosta de plantas, especialmente bromélias, que ela arranca do jardim e deposita na porta da cozinha com latidos de felicidade, latidos esses que, se traduzidos, querem dizer: "Eis o presente de flores que colhi no campo para você...".

Os cães se parecem tanto com os humanos! O que já havia sido constatado por um dos nossos antigos ministros, que, inquirido sobre as razões que lhe permitiam transportar o seu cão em carro oficial, explicou: "Os cachorros também são seres humanos...".

Se isso tivesse acontecido no Egito antigo, e um ministro fosse inquirido pelo uso das carruagens oficiais para transportar o seu gato, a resposta seria mais surpreendente: "Não sabe o senhor que os gatos são seres divinos?". Sim, no Egito, os gatos eram deuses. Talvez algo dessa teologia tenha escorrido até nós. Pois não dizemos de uma mulher bonita que "ela é uma deusa" e, para completar, que "ela é uma gata"?

Mas comecei a mudar de idéia sobre os gatos quando minha filha me deu um gato de presente. E logo ficamos amigos, eu e o gato.

Hoje fui informado sobre os poderes médicos dos gatos. Meu médico clínico me enviou um artigo que apareceu no *The New England Journal of Medicine,* 26 de julho de 2007, um dos mais respeitados periódicos das ciências médicas. Sobre um gato chamado Oscar. Oscar vive numa instituição que acolhe pessoas em estado terminal. Diariamente ele segue uma rotina. Abre os olhos preguiçosamente e põe-se a fazer aquilo a que os médicos dão o nome de visita: vai de leito em leito, sobe na cama, cheira o ar e faz o seu diagnóstico. Se não é para acontecer naquele dia, ele desce e vai para o leito seguinte, onde repete o procedimento. Se, por acaso, sua misteriosa sensibilidade deteta o cheiro ou as vibrações ou a música da morte, ele se aloja junto ao moribundo e a enfermeira sabe que é preciso avisar os parentes.

Relatando esse poder místico do gato Oscar a uma amiga, ela deu uma risadinha e disse: "Talvez a explicação seja mais simples...".

Não gostei do risinho dela porque ele destruía o encantamento dos gatos que me dominava, seres com ligações com o outro mundo.

"E qual seria a explicação?", perguntei num tom de desafio.

Ela respondeu: "Eu acho que o Oscar se deita ao lado dos moribundos porque eles são mais quentinhos, por causa da febre...".

Aí o meu gato perdeu o status de emissário do outro mundo. Eu havia me referido ao cheiro, às vibrações e à música da morte no corpo dos moribundos de que o Oscar se valia para dar o seu diagnóstico. Mas havia me esquecido do "calor".

Aí meu gato voltou a ser simplesmente um gato... Posso dormir tranquilo, sem imaginar que ele está me enviando profecias ao se encorujar ao meu lado...

O GATO QUE GOSTAVA DE CENOURAS

O telefone tocou. Queriam uma entrevista sobre o livrinho *O gato que gostava de cenouras.* Não entendi o nome da revista porque estou ficando meio surdo, e, por vergonha, não pedi que repetissem. A entrevista começou...

Gato gosta de peixe, de rato e de passarinho. Gato não gosta de cenoura. Numa terra de gatos, um gato que gostasse de cenoura seria uma aberração, uma vergonha para os pais, motivo de chacota e zombaria na escola...

O nome dele era Gulliver, carinhosamente Gullinho. Seus pais não sabiam do seu gosto pelas cenouras. Comer cenouras era um ato secreto, escondido. Seus pais só se preocupavam com o fato de que ele não comia os deliciosos ratinhos recém-nascidos, os pardais saborosos, os peixes cheirosos, que lhe traziam para abrir o apetite. Gullinho era diferente dos demais gatos. E isso fazia seus pais sofrerem muito, porque o que os pais mais desejam é que seus filhos sejam iguais aos outros.

O fato era que os pais de Gullinho ignoravam que ele, escondido, comia a comida proibida, cenoura... A mãe acabou por desconfiar das incursões secretas do Gullinho, e disse ao pai que seria melhor segui-lo para ver onde ele estava se metendo. Foi o que o pai "sogateiramente" fez. Gullinho caminhava com cuidado, olhando para todos os lados para ver se estava sendo seguido. Andou até chegar ao sítio do senhor Joaquim. Havia canteiros com todos os tipos de hortaliças. Gullinho foi até o canteiro de cenouras e – oh! Coisa horrenda para um pai gato – começou a comer cenouras.

O pai do Gullinho quase morreu de susto. Seu filho, que ele sonhara tigre, não passava de um coelho. E chorou amargamente...

Resolveu procurar auxílio. Procurou um padre, que ameaçou Gullinho com o Inferno. "Deus é gato, Deus ordenou que nós comêssemos peixes, ratos e passarinhos. Comer cenoura é pecado mortal!" Mas não adiantou... Gullinho continuou a vomitar peixes, ratos e passarinhos...

Aí eles o levaram ao psicanalista. A análise durou vários anos. Mas o que o doutor Gatan lhe dizia com linguagem complicada não alterava o seu gosto: ele continuava a gostar de cenouras...

Foi então que um professor da escola chamou o Gullinho para uma conversa e lhe disse: "O nosso destino está escrito nas células do nosso corpo, num chip bem pequeno chamado DNA. Ele já está no feto determinando a cor do seu pelo, a cor dos seus olhos, se você vai ser menino ou menina, daltônico ou não, canhoto ou destro. Você nada pode fazer para mudar as ordens que estão no seu chip. E acontece o mesmo com o nosso gosto por ratos ou por cenouras... Não é pecado, como o padre disse, porque foi o DNA que o fez assim... Não é resultado de educação, porque foi o DNA que o fez assim... E nem pode ser curado, como se fosse uma doença, porque é o DNA que o fez assim... Igual ao daltonismo".

Gullinho olhou em silêncio para o professor e, pela primeira vez, entendeu tudo. E ele sentiu que um enorme peso fora tirado de cima dele. Entendeu então que ele podia gostar de cenoura porque fora o DNA que o fizera assim, e ninguém tinha nada com isso.

Eu ainda estava na cama quando minha filha me acordou.

"Pai, você apareceu na *G Magazine*, a reportagem do gato..."

"Mas o que é *G Magazine*?", perguntei.

Ela me explicou. Aí eu entendi por que o assunto da entrevista tinha sido *O gato que gostava de cenouras...*

DESTRUINDO O FUTURO

Havia, na Unicamp, um dia denominado "Universidade Aberta". Aberta a todo mundo que quisesse visitá-la, especialmente os jovens que sonhavam ser seus alunos. O *day after* era trágico: o campus era um lixão absoluto, coberto com detritos de todo tipo. O professor Hermógenes, diretor do Horto, me relatava que depois daquele dia era preciso replantar as jovens árvores que os futuros universitários haviam quebrado por puro prazer.

MISTÉRIO

Mistério não está num quarto escuro. É a asa de uma libélula, o canto de um sabiá, o gomo de uma laranja, a concha espiralada de um molusco. É o costume que torna essas coisas banais.

O SORRISO DO GATO

Nunca vi gato que risse. Cachorro, sim. Cachorro ri com o rabo. Gato sorridente só soube de um, no livro *Alice no País das Maravilhas*. Mas minha guru de hidroterapia, possuidora de uma longa experiência com gatos através de anos de convivência amorosa, disse-me que os gatos riem com os olhos. Não arreganham os dentes como os humanos nem abanam o rabo como os cachorros. Eles riem fechando discretamente os olhos até que fique apenas uma pequena fresta.

ÁRVORE É SINAL DE ATRASO

Havia uma pequena cidade no interior do estado de Goiás. Ficava num vale que terminava numa serra. Ali acontecia o que era comum nas cidades de antigamente: galinhas no quintal, biscoito de polvilho, queijo e café no meio da tarde e banda de música. Aconteceu... um velho músico, compositor... (as partituras de suas composições empilhadas num porão depois de sua morte se perderam, comidas por uma cabra)... já no leito de morte, a família reunida, respiração difícil, todo mundo na expectativa... Aí passou a banda de música na frente da casa. Ele estremeceu, indicou que queria falar algo, todos se aproximaram atentos para ouvir suas últimas palavras. "A clarineta desafinou no si bemol...". E morreu. A cidade ficava no meio de uma floresta. Todos os quintais tinham mangueiras, jabuticabeiras, laranjeiras e árvores nativas, seculares... As árvores eram tantas que o viajante, no alto da serra, quase não percebia a cidade. Foi então que um prefeito moderno e dinâmico fez uma campanha entre os moradores para que cortassem as árvores dos seus quintais para que a cidade fosse vista. É bem sabido que árvore é sinal de atraso.

VAGA-LUME

Alguns sofrem de pés frios. Põem os pés debaixo das cobertas... Eu sofro de pés quentes: Ponho os pés para fora das cobertas. Mesmo quando está geando. Um dos meus prazeres é andar sem sapato ou, quando obrigado a calçar sapatos, não usar as meias. Os homeopatas consideram pés frios e pés quentes como sintomas importantes. Meus pés quentes devem revelar segredos sobre o *yin* e o *yang*. É noite fria quando escrevo. Um vaga-lume se protege do frio no calor do meu pé. Fiquei agradecido por sua amizade. E lhe dediquei um "uai-cai" mineiro: "Dois olhos azuis piscam no meu pé. Um vaga-lume pacientemente aguarda o seu amor...".

SERRA DA CANASTRA

Ouvi falar pela primeira vez da Serra da Canastra no segundo ano do grupo (hoje, do ensino fundamental). O programa dizia que a meninada tinha de saber de cor uma lista de nomes de serras e rios, só os nomes mesmo, sem nenhuma informação sobre os espantos que aqueles nomes escondiam. A professora nem se dava ao trabalho de mostrar os lugares no mapa. O Manolito, da Mafalda, aquele menino burro, cabelo escovinha, que só pensava no armazém do pai dele, se rebelava contra essa exigência antipedagógica e argumentava: "De que me adianta saber se o Himalaia é navegável ou não?". A professora disse que era na Serra da Canastra que nascia o rio São Francisco. E ficou por aí, por muitos e muitos anos, o meu conhecimento da Serra da Canastra. Até que lá fui uma vez, via Araxá, estrada de terra ruim, esburacada, que a chuva transformara em barro e atoleiros. Mas valeu a pena. Nunca respirei ar tão perfumado e puro. Vi um bando de mais de cinquenta canarinhos-da-terra também chamados "cabecinhas de fogo". Foi a primeira vez que caminhei pelo cerrado, essa coisa maravilhosa que os homens progressistas destroem para plantar cana. A cada passo, as flores me assombravam. E, por falar nas flores do cerrado, é preciso mencionar o livro do Carlos Rodrigues Brandão *O jardim da vida*, com aquarelas das flores pela artista Evandra Rocha. O Brandão se deu ao trabalho de procurar, para cada planta e flor, referências literárias em que aparecem citadas. E as cachoeiras, centenas, caindo das alturas e formando piscinas de água gelada e transparente! A cada mergulho, o corpo rejuvenesce e a alma ri. Faz umas semanas, entrei na Serra da Canastra por um outro caminho, via Passos, atravessando o rio Grande no porto do Glória. Fiquei na pousada Vale do Céu, dos amigos Cláudio, Cristina e seu filho

Leo. Eles se apaixonaram pelo lugar. Mas a pousada é desculpa para uma coisa muito maior que estão fazendo, cuidando da natureza, dos riachos, das matas, de maneira amorosa e científica. E até contrataram biólogos para mapear as espécies vegetais da região. É difícil lutar contra centenas de anos de hábitos de devastação. E até o Monteiro Lobato caiu nessa e louvou o Jeca Tatuzinho que, depois de tomar Biotônico Fontoura, agarrou um machado e se pôs a derrubar tudo quanto era árvore que via. A comida era servida no fogão de lenha. Como o fogo é bonito! Quando o corpo se assenta diante do fogão de lenha aceso, o rosto fica vermelho pela cor das chamas e a alma descansa. A tranquilidade é tanta que as pessoas param a conversa e se entregam ao gozo de olho e pele.

TOM JOBIM

Sempre amei o Tom Jobim. Seu rosto, sua voz e música me fazem sentir mansidão, amor manso e uma pitada de tristeza. Quando ele morreu fiz-lhe uma pequena homenagem, uma brincadeira, usando versos de Casimiro de Abreu que aprendi na escola. O que eu fiz foi dar-lhes um final inesperado. Foi assim: "Eu me lembro, eu me lembro. Era pequeno e brincava na praia. O mar bramia. E erguendo o dorso altivo sacudia a branca espuma para o céu sereno. E eu disse à minha mãe naquele instante: 'Que dura orquestra! Que furor insano! Que pode haver maior que o oceano?' Minha mãe a sorrir olhou para os céus e respondeu: 'O piano'..."

A Sônia Braga, por ocasião dos sessenta anos do Tom, disse que ele era o homem que toda mulher desejaria, porque ele era masculino e feminino ao mesmo tempo. Mas agora o meu amor cresceu. Fiquei sabendo da religião do Tom... Alguém, entre os meus leitores, sabe quais eram os deuses dele? Uma amiga me contou. Enviou-me isso que o Tom disse: "Toda vez que uma árvore é cortada aqui na Terra, eu acredito que ela cresça outra vez em outro lugar – em algum outro mundo. Então, quando eu morrer, este é o lugar para onde quero ir. Onde as florestas vivam em paz". Os deuses do Tom são árvores. Na religião do Tom, cortar uma árvore é pecado mortal.

Estou de acordo. Faria até uma pequena mudança no prólogo do evangelho de João: "E o Verbo se fez árvore"... Tenho-as por seres muito mais evoluídos que os hominídeos. Proponho que se criem adesivos a serem colados nos carros: "As árvores são fiéis". Estão sempre a nossa espera, no mesmo lugar, tranquilas, abrigam os pássaros, as formigas, as joaninhas e todo tipo de coisa viva. Não falam. Moram no silêncio. E nunca se vingam. "Sem linguagem, sem fala, ouvem-se as suas vozes..." (Salmo 19).

Quando se compara as árvores com os hominídeos aparece o horror do que somos: vingativos, invejosos, inconfiáveis, mentirosos. E as árvores acrescentariam: e têm machados e serras nas suas mãos... Sabendo da nossa maldade, os pássaros que se abrigam nas árvores fogem de nós. Bachelard nos definiu como os seres que perderam a confiança dos pássaros...

Toda floresta é uma catedral. O Alberto Caeiro se juntaria ao Tom: "Sejamos simples e calmos como os regatos e as árvores, e Deus amar-nos-á fazendo de nós belos como as árvores e os regatos e dar-nos-á verdor na sua primavera e um rio aonde ir ter quando acabemos...".

CREPÚSCULO

Pôr de sol é metáfora poética, e se o sentimos assim é porque sua beleza triste mora em nosso próprio corpo. Somos seres crepusculares.

O crepúsculo é belo por causa do rio, o fluir do tempo faz as cores mudarem. A vida e a beleza só existem por causa da Morte, que torna possível que elas dancem.

Gosto de ver os balões que sobem... Sei que são proibidos. Mas são belos. Não ficariam bonitos nem de manhã nem ao meio-dia. São entes do crepúsculo. É preciso que a luz já esteja indo para que sua beleza (e riso) apareçam, ao entardecer. Cada balão não será isto? Um grande riso ao cair da noite.

JARDINS

Altar é um lugar onde os olhos, ao verem as coisas que se podem ver, veem também outras. Meu altar é o meu jardim. No meu jardim eu me sinto irmão das couves e jabuticabeiras. Meu corpo é também um filho da terra. E é por isso que fico contente ao vê-lo feliz.

Fico pasmado ao ver aquelas casas em que os jardins foram substituídos por lajotões. Fazem isso para evitar a terra. Terra é sujeira. Perderam a memória de suas origens. Preferem o cimento, aquilo com que se fazem sepulturas.

Na minha rua havia um ipê-roxo. Um dia passei lá e, para meu horror, vi que tinham cortado uma cinta na sua casca, volta toda, para que morresse: era cortar as veias de uma pessoa viva. As flores sujavam o chão. Imagino que, se pudessem, plantariam no lugar uma árvore de plástico. O ipê está morto.

E com certeza a pessoa que o matou está feliz por não mais ter que varrer a calçada.

Nascemos da terra. Somos nada mais que a terra modificada, misturada com a água, com o ar, com o fogo, como pensavam os filósofos de muitos séculos atrás. Terra, pedaço do meu corpo, meu corpo além da minha pele, seio em que me alimento, e se ele se secar, eu morro. Pois é, são ideias como essas que me vêm à cabeça quando fico ali diante do meu altar, minha horta, meu jardim.

Quando chovia, depois de muito sol quente, meu pai gostava de ficar na janela da casa velha, lá em Minas, vendo as plantas do quintal, cada uma delas fazendo os gestos que sabia. Os tomateiros, hortelãs e manjericão, exalando seus perfumes. As folhas de couve e de espinafre, brincando de juntar gotas d'água, grandes e brilhantes. As árvores e arbustos executando seus passos de dança, balançando as folhas, sob os pingos que caíam. Ele olhava, sorria, baforava o seu cachimbo e dizia: "Veja só como estão agradecidas".

Fico triste pensando que, morrendo, não estarei mais aqui para cuidar dessas coisas e para dizer a elas que são belas. Gostaria que houvesse alguém que delas cuidasse. Dizem que isso é bobagem. Morreu, acabou. Mas por enquanto estou vivo, e não posso deixar de pensar naqueles que tomarão o meu lugar. Desejo que as coisas que amo continuem a ser amadas e cuidadas, mesmo depois da minha partida.

Alegria é o que acontece com o corpo quando ele se encontra com aquilo que desejava. Coisa simples e efêmera...

A felicidade é discreta, silenciosa e frágil, como a bolha de sabão. Vai-se muito rápido, mas sempre se pode assoprar outras.

A MORTE DO IPÊ

Ver é muito complicado. Isso é estranho porque os olhos, de todos os órgãos dos sentidos, são os de mais fácil compreensão científica. A sua física é idêntica à física ótica de uma máquina fotográfica: o objeto do lado de fora aparece refletido do lado de dentro. Mas existe algo na visão que não pertence à física. William Blake sabia disso e afirmou: "A árvore que o sábio vê não é a mesma árvore que o tolo vê". Sei isso por experiência própria. Quando vejo os ipês floridos sinto-me como Moisés diante da sarça ardente: ali está uma epifania do sagrado. Mas uma mulher que vivia perto da minha casa decretou a morte de um ipê que florescia à frente de sua casa, porque ele sujava o chão, dava muito trabalho para a sua vassoura. Seus olhos não viam a beleza. Só viam o lixo.

EDUCAÇÃO

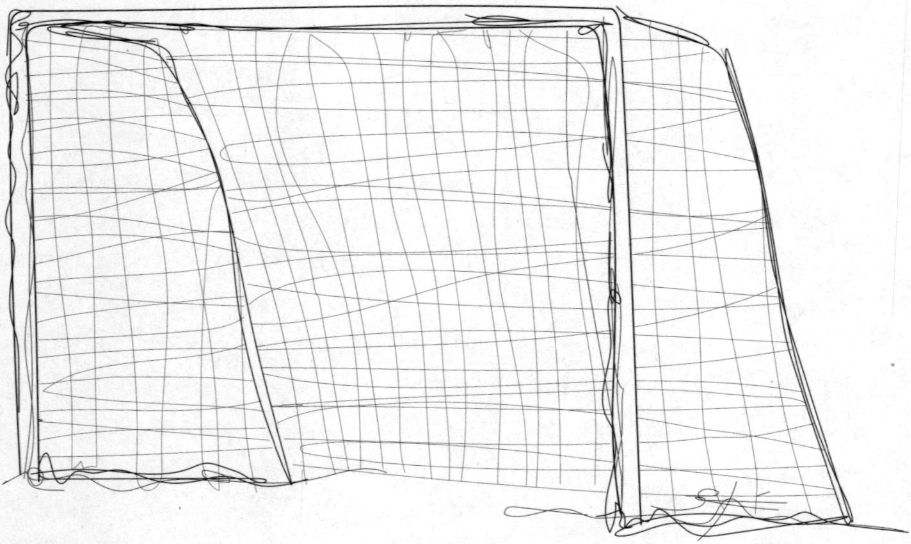

BIBLIOTECA

Recebi a seguinte carta, manuscrita, com caligrafia invejável: "Prezado escritor; lhe escrevo em nome da Biblioteca e da Pacífica População da Penitenciária de Presidente Bernardes/SP. A biblioteca procura por todos os meios atender e estimular os anseios por leitura, cultura e educação dos mais de mil reeducandos e funcionários da penitenciária. Porém o acervo é deficiente para esta missão. A leitura é um poderoso fator de reeducação e uma útil e piedosa substituta para a liberdade perdida. Recebemos livros seus (*O retorno eterno, A magia dos gestos poéticos*) como doação. Inusitadamente, nosso público se encantou com seus textos, os livros não param nas estantes e os pedidos por mais leitura são um rebuliço. Isso me faz pedir-lhe a doação de livros de sua autoria (mesmo que com defeitos gráficos); um único exemplar será uma valiosa contribuição!!! Esteja certo de que estará incentivando o bom hábito de leitura e uma sociedade de paz. Todavia, se possível, faça uma dedicatória à biblioteca, que será um estímulo a mais para que os leitores e significará ter um magnetizante 'ícone' no acervo".

AEROMOÇA

O voo era de São Paulo para Londrina. Já estava quase chegando. Lá embaixo, um rio serpenteava no meio dos campos. Que rio seria aquele? Eu não sabia o seu nome. Fiquei curioso. Os grandes rios, seus nomes, eu sabia de cor e podia localizá-los num mapa virtual dentro da minha cabeça. Mas aquele eu não conhecia. Nesse momento, a aeromoça passou. Logo percebi o jeito fácil de satisfazer minha curiosidade. A aeromoça fazia aquela viagem quase todos os dias. Ela deveria ter Ph.D. no nome daquele rio. Eu a chamei. Ela veio sorridente, pronta a atender o meu pedido, se fosse uma Coca. Mas ela não estava preparada para o meu vestibular. "Aquele rio lá embaixo", eu disse, "que rio é? Você sabe?" Sem perder o sorriso, ela me respondeu tranquila: "Eu acho que é o rio São Francisco!". Fiquei apavorado de ter tomado o avião errado e estar chegando ao norte de Minas... Uma coisa, entretanto, era certa: a aeromoça não havia passado no Enem...

APRENDIZAGEM

Para se referir aos programas de conhecimentos a que os alunos têm de se submeter nas escolas, criou-se a expressão "grade curricular". "Grade", segundo é definida pelo dicionário Houaiss, é "uma série de barras verticais paralelas, de metal ou de madeira, podendo ter outras barras entrecruzadas... deixando entre si espaços vazados, destinada a fechar um lugar...". Os conhecimentos, assim, fechados dentro da "grade curricular", são passados aos alunos sob a forma de engradados fixos. Toda grade é dura, não cede, segura. Aplicando-se aos currículos o dito por

MacLuhan, que o "meio é a mensagem", concluímos que a grade é a mensagem, a grade é aquilo que é ensinado e aprendido. A função pedagógica é impedir que a imaginação voe. Suspeito que o inventor dessa expressão foi um carcereiro desempregado.

UMA ESCOLA VERDE

Velhas tipuanas com seus troncos rugosos, cobertos de samambaias, paineiras barrigudas, palmeiras querendo brincar com as nuvens. As simetrias vegetais são fascinantes, desafios para um professor de matemática ou de desenho. Vi uma árvore com uma flor em forma de estrela de sete pontas. E há os pássaros... Muita gente caminha lá, pelas manhãs. Nas minhas caminhadas, bem cedo, eu me encontrava com os alunos, a caminho da escola, alguns, em bandos, conversando alegremente sobre coisas que não são da escola. Outros, solitários, sem turma, feios, desajeitados, gordos, caminhavam olhando para o chão, mergulhados nos seus pensamentos tristes. Mas nunca notei, seja por parte dos adultos, seja por parte dos alunos, qualquer interesse pelas coisas do bosque. Minha sensação era de que as árvores, flores, pássaros, lhes eram invisíveis. Eles ainda não haviam aprendido a ver coisas que não fossem eles mesmos. Pensei então: por que a escola não adota essa praça? Ela é um fabuloso material didático! Vivo, próximo, fascinante! Se os alunos descobrissem que diretor, professores e funcionários são seus companheiros de jardinagem, é provável que aprendessem mais. Aprender a identificar plantas e pássaros. A literatura dos jardins. Há um livro de arte com o nome de *Cecília Meireles: verdes reinos encantados*, edição bilíngue, ilustrada, com poemas da Cecília inspirados em jardins. Um deleite para os olhos. A educação dos sentidos.

A filosofia: os quatro elementos fundamentais – a água, o ar, a terra, o sol. A estética do paisagismo. A crise ambiental. O lixo. Política e jardinagem. Cidadania: o cuidado com os lugares públicos. Quem cuida de uma praça aprende a amar a cidade. Quem cuida de uma praça vai se indignar com o lixo que se joga lá. A educação dos passantes...

A prefeitura poderia aproveitar a ideia: cada escola ligada a uma praça, uma rua, um parque... Era sonho do Toninho, prefeito de Campinas. Um mês antes de sua morte, ele me chamou para dizer de um projeto que estava na sua cabeça: "Educação de Jardineiros". Pediu-me que ajudasse. Ele havia lido o meu artigo "Sobre política e jardinagem" e havia gostado. Aí ele morreu e o projeto não aconteceu. É a segunda vez que isso acontece. Aconteceu antes, na Unicamp. Propus ao prof. Hermógenes, diretor dos parques e jardins da universidade, que se fizesse um cemitério de árvores para os professores que ficassem encantados – semelhante àquele que tenho nas montanhas de Pocinhos do Rio Verde. Aposentei-me. Esqueci-me do projeto. Passados anos, me encontrei com o prof. Hermógenes numa loja de materiais de construção. Ele me disse: "Seu sonho vai virar realidade. Já estou separando um espaço...". Uma semana depois, ele morreu na mata Santa Genebra, quando caminhava com seus alunos... Recordo o verso de T. S. Eliot: "E o cadáver que você plantou no seu jardim? Já começou a brotar? Será que ele vai dar flores este ano?".

SOBRE A ESCOLA

Do livro *Jean Christophe*, de Romain Rolland: "... afinal de contas, não entender nada já é um hábito. Três quartas partes do que se diz e do que me fazem escrever na escola: gramática, ciência, moral e mais um terço das palavras que leio, que me ditam, que eu mesmo emprego – não sei o que querem dizer. Já observei que em minhas redações as que menos compreendo são aquelas que levam mais chances de ser classificadas em primeiro lugar". Minha suspeita é que exames tais como vestibular e Enem servem para testar a memorização das palavras, mas não testam a compreensão do sentido das palavras. "Dando as costas ao nascente, temos o poente em frente, o norte à direita e o sul à esquerda": pedi que me explicasse, na prática, onde estava o norte; ela não tinha a menor ideia. Uma aeromoça, o voo chegando em Londrina, perguntada pela minha curiosidade, me informou que o rio lá em baixo era o São Francisco. Entrei em pânico: tomei o avião errado! No colégio, decorei taxonomias botânicas. Mas nunca um professor nos mostrou uma árvore. "Árvores" não caíam na prova; só o nome das árvores.

O OLHAR

Van Gogh tem uma delicada tela que representa esta cena: o pai, jardineiro, interrompeu seu trabalho, está ajoelhado no chão, com os braços estendidos para a criança que chega, conduzida pela mãe. O rosto do pai não pode ser visto. Mas é certo que ele está sorrindo. O rosto-olhar do pai está dizendo para o filhinho: "Eu quero que você ande". É o desejo de que a criança ande, desejo que assume forma sensível no rosto da mãe ou do pai, que incita a criança ao aprendizado dessa coisa que não pode ser ensinada nem por exemplo nem por palavras.

Segundo Nietzsche, a primeira tarefa da educação é ensinar a ver. É através dos olhos que as crianças tomam contato com a beleza e o fascínio do mundo. Os olhos têm de ser educados para que a nossa alegria aumente. As crianças não veem "a fim de". Seu olhar não tem nenhum objetivo prático. Veem porque é divertido ver. Alberto Caeiro sabia tudo sobre o olhar das crianças.

Educar é mostrar a vida a quem ainda não a viu. O educador diz: "Veja!" – e, ao falar, aponta. O aluno olha na direção apontada e vê o que nunca viu. O seu mundo se expande. Ele fica mais rico interiormente. E, ficando mais rico interiormente, ele pode sentir mais alegria e dar mais alegria – que é a razão pela qual vivemos.

Já li muitos livros sobre psicologia da educação, sociologia da educação, filosofia da educação, didática – mas, por mais que me esforce, não consigo me lembrar de qualquer referência à educação do olhar, ou à importância do olhar na educação, em qualquer um deles.

"O sentido está guardado no rosto com que te miro" (Cecília Meireles). Não te miro com os meus olhos. Eu te miro com o meu rosto. É o rosto que desvenda o mistério do olhar. O rosto da mãe revela à criança o segredo do seu olhar. E o rosto da criança revela à mãe o segredo do seu olhar. O rosto do professor revela ao aluno o segredo do seu olhar.

INTELIGÊNCIA

"O meu lábio zombeteiro faz a lança dele refluir": dito por Adélia Prado. Lança? Falo ereto. Mas o lábio zombeteiro a altera. A lança, humilhada, se encolhe, torna-se incapaz do ato do amor. Há uma relação metafórica entre a lança fálica e a inteligência.

Como a lança fálica, a inteligência ou se alonga e se levanta confiante para o ato de conhecer ou se encolhe, flácida e impotente. O olhar de um professor tem o poder de fazer a inteligência de uma criança ficar ereta ou flácida... O lábio zombeteiro do professor faz a inteligência do aluno refluir.

DISTÚRBIOS DE ENSINAGEM

A criança de olhar vazio e distraído: ela não aprende. Os psicólogos se apressam em diagnosticar alguma perturbação cognitiva. Mas outra hipótese tem de ser levantada: a inteligência dessa criança foi enfeitiçada pelo olhar do professor.

"Formatura": "formar" é colocar na fôrma, fechar. Um ser humano "formado" é um ser humano fechado, emburrecido. Educar é abrir. Educar é "desformar". Uma festa de "desformatura". Escrevo sobre educação porque amo as crianças, os jovens, seres ainda abertos, que enfrentam o perigo de ser "fechados". Joseph Knecht, o heroi trágico do livro de Hermann Hesse *O jogo das contas de vidro,* no final da vida desejava apenas educar uma criança ainda não deformada pela escola.

Educação não é a transmissão de uma soma de conhecimentos. Conhecimentos podem ser mortos e inertes: uma carga que se carrega sem saber sua utilidade e sem que ela dê alegria. Educar é ensinar a pensar, isto é, a brincar com os conhecimentos, da mesma forma como se brinca com uma peteca.

Muitos pensam que o problema da educação no Brasil é a falta de recursos. É verdade que há falta de recursos. É mentira que, se eles vierem a existir, a educação vai ficar inteligente. Cozinha que faz comida ruim não se transforma em cozinha que faz comida boa pela compra de panelas importadas. Culinária se faz com sonho. Educação se faz com sonho. Os grandes mestres na história da humanidade só tinham, à sua disposição, um recurso: a fala.

Numa clínica psicológica estava escrito: "Distúrbios de Aprendizagem". Ainda não vi em clínica alguma anunciado "Distúrbios de Ensinagem".

Quando o conhecimento é vivo, ele se torna parte do nosso corpo: a gente brinca com ele e se sente feliz ao brincar. A educação acontece quando vemos o mundo como um brinquedo, e brincamos com ele como uma criança brinca com a sua bola. O educador é um mostrador de brinquedos...

Nossos currículos pressupõem que todo conhecimento é bom. Se isso fosse verdade, teríamos de aprender tudo o que há para ser aprendido – o que é tarefa impossível. Quem acumula muito saber só prova um ponto: que é um idiota de memória boa. Não faz sentido aprender a arte de escalar montanhas nos desertos, nem a arte de fazer iglus nos trópicos. Na vida, a utilidade dos saberes se subordina às exigências práticas do viver. O mar é longo, a vida é curta.

Ensinar é um exercício de imortalidade. De alguma forma, continuamos a viver naqueles cujos olhos aprenderam a ver o mundo pela magia da nossa palavra. O professor, assim, não morre jamais...

Nas escolas, as crianças são submetidas ao "jugo" dos saberes: programas. "Jugo" é canga. Fala-se, mesmo, em "grade" curricular – coisa de prisão. A educação segue o caminho inverso: começa não com os programas, mas com a criança que vive seu momento presente. Saberes que permanecem não são impostos. Eles crescem da vida. Dizia Nietzsche: "Aquele que é um mestre, realmente um mestre, leva as coisas a sério – inclusive ele mesmo – somente em relação aos seus alunos."

A palavra amor se tornou maldita entre os educadores. Envergonham-se de que a educação seja coisa do amor – piegas. Mas o amor – Platão, Nietzsche e Freud o sabiam – nada tem de piegas. O amor marca o impreciso e forte círculo de prazer que liga o corpo aos objetos. Sem o amor, tudo nos seria indiferente – indigno de ser aprendido, inclusive a ciência. Não teríamos sentido de direção ou não teríamos prioridades.

Suspeito que nossas escolas ensinem com muita precisão a ciência de comprar as passagens e arrumar as malas. Mas tenho sérias dúvidas de que elas ensinem os alunos a arte de ver enquanto viajam.

MEMÓRIA

Quando minha filha sofria se preparando para os vestibulares, tendo de memorizar informações que iam das causas da Guerra dos Cem Anos a problemas de cruzamento de coelhos brancos com coelhos pretos, eu lhe dizia, como consolo: "Eu lhe juro, minha filha, que, dois meses depois dos vestibulares, você terá esquecido tudo". Há um esquecimento que deriva da inteligência.

Água fervendo, espaguete cozinhando. Nenhum cozinheiro seria tolo de levar a água à mesa. O que importa é o espaguete. Para isto existe o escorredor de macarrão: para deixar passar o que não vai ser comido. A memória é um escorredor de macarrão: o que não vai ser comido, ela esquece.

Há pessoas que não esquecem nada: memória perfeita. Geralmente esse fenômeno se observa em idiotas.

Depois do sofrimento dos vestibulares vêm o vômito e a diarreia: esquecimento. Expulsão das comidas não digeridas.

Não por falta de memória ou inteligência curta. A memória esquece porque quer esquecer.

A memória não carrega peso inútil em suas malas. Viaja leve. Leva sempre duas malas. Numa estão os objetos úteis. Noutra estão os objetos que dão prazer.

Um homem que, desejoso de montar uma oficina, comprasse todas as ferramentas que existem, seria considerado um tolo. Uma oficina se monta com ferramentas que vão ser usadas. Mas o que nossas escolas querem é que os alunos carreguem ferramentas que nunca serão usadas. E depois se queixam de que elas são abandonadas.

Prova de inteligência não é possuir todas as ferramentas, é possuir as ferramentas de que se vai necessitar. Sabedoria oriental: "O tolo soma ferramentas. O sábio diminui as ferramentas". O importante não é ter. É saber onde encontrar.

Se o conhecimento científico de anatomia fosse condição para se fazer amor, os professores de anatomia seriam amantes insuperáveis. Se o conhecimento acadêmico da gramática fosse condição para se fazer literatura, os gramáticos seriam escritores insuperáveis.

Não me consta que o Kama-Sutra tenha sido escrito por um professor de anatomia. Não conheço gramático que tenha feito literatura. Gramática se faz com palavras mortas. Literatura se faz com palavras vivas. Para se fazer amor com os livros, é preciso esquecer da gramática e aprender a música das palavras. Literatura é música.

Inventaram um crime atroz, que deveria ser punido: fazer resumo das obras literárias que vão cair no vestibular, para que o aluno não tenha de lê-las! Ah! Queria mesmo é ver o resumo que fariam das escrituras do Manoel de Barros.

Gramática é necrotério, sala de anatomia, palavras mortas sob a ação do bisturi da análise. Literatura são as palavras vivas, fazendo o que elas bem desejam, à revelia de quem escreve. Mas aí eu pergunto: quem sentirá vontade de fazer amor fazendo a necrópsia da amada morta?

Jakob Böhme, teólogo místico, afirmava que Deus é uma criança: Deus só faz brincar. O Paraíso foi perdido quando a criança deixou de ser um ser brincante e se transformou em trabalhador sério, adulto. A felicidade não se encontra nem na vida futura anunciada pelo protestantismo nem nos sacramentos administrados pelo catolicismo, mas na transformação desta vida corpórea em alegre brincadeira.

SABERES

Minha filosofia da educação pode ser resumida assim: o objetivo da educação é aumentar as possibilidades de prazer e alegria. Os professores começam por ensinar saberes. O ensino dos saberes é a transmissão de uma herança. Os velhos ensinam saberes para que os jovens possam começar a navegar a partir do porto onde eles chegaram. O que, para os velhos, foi porto de chegada, será para os jovens porto de partida: para que possam ir além deles mesmos. Vem, então, a hora de ensinar os saberes não sabidos: "Mas vem em seguida outra, em que se ensina o que não se sabe". Mas como é possível ensinar saberes que não sei? O navegador voltou de suas viagens trazendo nas mãos os mapas que desenhara nos mares onde navegara. Mapas são metáforas do mundo dos saberes. São úteis. Neles encontramos as rotas a serem seguidas, caso deseje. Chegam os alunos. Desejam aprender os mares do mundo. O professor lhes mostra os seus mapas e fala sobre aquilo que sabe. Os alunos aprendem. Mas, de repente, um aluno inquieto aponta para um vazio indefinido, sem contornos, no mapa. "Qual é o nome daquele mar?", ele pergunta. O professor responde: "O nome daquele mar eu não sei. Nunca fui lá. Não o naveguei. Não o conheço. Por isso, nada tenho a dizer. É mar desconhecido, por navegar. Mas, com o que sei sobre os outros mares, vou lhe ensinar a se aventurar por mares desconhecidos: essa é a aventura suprema. Para isso nascemos".

PERMANECER CRIANÇA

O objetivo último da educação é ajudar-nos a permanecer crianças, ajudar-nos a brincar sem nos machucar. O "adulto", morador da Feira das Utilidades, é criado pela educação como servo da criança eterna. O adulto é um servo da criança.

PROSA

Nenhum lugar protegido pela sombra, nenhum canto escuro, longe dos olhos, nenhum mistério. Visibilidade total. Os contornos devem ser definidos com clareza. Os sentidos devem ser declarados sem ambiguidades, sem intervalos em seus interstícios. Pensa-se que, assim, o ideal da comunicação perfeita foi atingido. O professor ideal, o preletor perfeito.

DESCOBRIDOR DE NOVOS MARES

Ensinar a pesquisar: essa é uma das grandes alegrias do professor, somente comparável à do pai que vê o filho partindo sozinho, como pássaro jovem que, pela primeira vez, se lança sobre o vazio com suas próprias asas. O professor vê o discípulo partindo para o desconhecido, para voltar com os mapas que ele mesmo vai fazer, de um mar onde ninguém mais esteve. É isto que deve ser uma pesquisa e uma tese: uma aventura por um mar que ninguém mais conhece.

O VERDADEIRO SABER

Os pedagogos, estudados nos saberes das várias teorias sobre o ensino e a aprendizagem, não são, por causa disto, professores mais sábios. A ciência do ensino e da aprendizagem não faz melhores professores – embora seja uma ferramenta preciosa para aqueles que já nasceram professores. Pianos Steinway não fazem pianistas, embora sejam indispensáveis àqueles a quem os deuses deram a graça de serem pianistas, por nascimento, antes de frequentar qualquer conservatório. Na ciência, os saberes se fazem com palavras: artigos em periódicos. Assim, nas escolas, as "provas" se fazem com palavras. Os vestibulares, igualmente, são feitos com palavras. Passa quem sabe as palavras certas. Para os saberes, as palavras bastam. Escola não ensina sabor. Não há formas de "avaliar" o sabor.

EMPIRISMO

Parte da sabedoria do corpo é a sabedoria de ensinar. O corpo sabe ensinar, naturalmente, da mesma forma como a centopeia sabe andar, sem tropeçar. Onde foi que a mãe aprendeu a ensinar o filho a andar? Em lugar algum. A arte de ensinar a andar, sem saber ela já sabia. O corpo sabe sem precisar pensar. O corpo é sábio. O corpo é educador por graça, de nascimento. Não precisa de aulas de pedagogia. Veja o caso da linguagem. Procurei muito, mas não consegui encontrar coisa que se comparasse à linguagem em dificuldade para ser ensinada e aprendida: a quantidade enorme de palavras que têm de ser memorizadas, os gêneros, as concordâncias, a ordem, os tempos verbais, essa teia complexíssima de leis, as sutilezas do humor que vive nas ambiguidades (uma linguagem sem ambiguidades seria uma linguagem só para transmissão de informações, e não para comunicação humana; seria uma linguagem sem risos), a música do falar... No entanto, os que ensinam não se valem de teorias sobre a aquisição de linguagem, nada sabem sobre uma suposta pedagogia do falar, e não sabem que estão ensinando: são o pai, a mãe, o avô, a tia, a empregada, o jardineiro... E os que estão aprendendo, as crianças, não sabem que estão aprendendo, não são colocadas em salas de aulas para ser informadas e para aprender um saber sobre a linguagem. Os "professores" jamais falam de substantivos, subjuntivos, conjunções e preposições. E a aprendizagem é assombrosamente eficiente – sem necessidade de qualquer processo de avaliação. As crianças não aprendem saberes sobre a linguagem. Elas simplesmente aprendem a falar. Já nós, adultos, que vamos às escolas de língua para aprender uma língua estrangeira, e aprendemos a língua através dos saberes, nunca falamos a outra língua direito, temos de pensar, falamos com sotaque, e erramos a todo momento, a despeito de sabermos as regras da gramática.

OLHAR SÁBIO

Os educadores pertencem à mesma classe dos poetas e dos artistas. Há escolas para técnicos em educação. Mas não há escolas para educadores. Não é possível treinar educadores. Educadores não se fazem. Eles simplesmente nascem. Por oposição aos professores, seres do dever, os educadores são seres do amor. A diferença entre professores e educadores está no olhar. Os olhos dos professores olham primeiro para os saberes. Depois olham para os alunos, para ver se eles aprenderam os saberes. Para professores, saberes são fins; alunos são meios. Os olhos dos educadores, ao contrário, olham primeiro para os alunos e depois para os saberes. O aluno é o fim. Os saberes são um meio. "Aquele que é um mestre, realmente um mestre, leva as coisas a sério somente em relação aos seus alunos, até ele mesmo" (Nietzsche, FN III (II) 71, *Além do bem e do mal*). Para o educador, não basta que o aluno tenha um saber sobre o mundo. O que ele deseja é a alegria do aluno.

OS SABORES DA EDUCAÇÃO

O educador é cozinheiro que deseja iniciar o seu discípulo nos sabores do mundo – sabores que podem ser a contemplação da simetria de uma teia de aranha, o conhecimento do movimento dos planetas, a habilidade para resolver um problema teórico ou prático, a beleza de *As quatro estações*. O objetivo final da educação, assim, não é a produção e transmissão de saberes. Esses são apenas meios necessários. É a criação de um corpo sábio, isto é, capaz de distinguir, discriminar, separar o digno de ser degustado, aprovado, do indigno de ser degustado, re-provado.

ESCREVER

Se há uma coisa que é proibida num texto de saberes são as reticências. As reticências indicam que a caminhada não chegou ao fim. Mostram um caminho a ser seguido. São as reticências que dão vida a uma conversa: elas são a permissão e o convite para que o outro diga os seus pensamentos. Um texto de saber diz o resultado de um processo de pensamento. Uma conversa, ao contrário, é o seu oposto. Um resultado colocaria um fim à conversa. A conversa é um movimento solto do pensamento e da fala – e, à medida que se conversa, pensamentos não pensados vão se intrometendo, mudando o curso da conversa, levando-a para um lado e para outro.

Esse é um importante princípio da minha teoria de aprendizagem, que encontrou forma poética num quase haicai da Adélia Prado: "Não quero faca nem queijo; quero é fome". Se o aluno tiver fome, ele descobrirá o queijo e comerá, mesmo que seja necessário roubar e sem o auxílio da faca. Mas, se não tiver fome, será inútil que ele trabalhe numa loja de queijos. O mesmo princípio foi enunciado por gente simples, da roça: "É fácil levar o burro até o ribeirão. O difícil e convencê-lo a beber". Eu teria de gastar muitas páginas de argumentação científica para dizer isso que digo de forma curta por meio de imagens. Há muitas coisas que a ciência não consegue dizer.

ESQUECER

Georg Christoph Lichtenberg (1742-1799): "Atualmente procura-se divulgar a sabedoria por toda a parte: quem sabe se daqui a poucos séculos não haverá universidades destinadas a restabelecer a antiga ignorância?" (Citado por Murilo Mendes, *Transistor*, p. 155)

Alberto Caeiro é de opinião semelhante:

"O essencial é saber ver –
Mas isso (triste de nós que trazemos a alma vestida!),
Isso exige um estudo profundo,
Uma aprendizagem de desaprender..."

"Procuro despir-me do que aprendi,
Procuro esquecer-me do modo de lembrar que me ensinaram,
E raspar a tinta com que me pintaram os sentidos,
Desencaixotar as minhas emoções verdadeiras,
Desembrulhar-me e ser eu..." (*Poemas,* 48 e 66)

A CENTOPEIA E O GAFANHOTO

Conta-se que, um dia, um gafanhoto encontrou-se com uma centopeia que descansava no meio da folhagem. "Dona Centopeia, eu tenho pela senhora a maior admiração. Deus Todo-Poderoso me deu apenas seis pernas. Para a senhora, ele deu cem. Assombra-me a elegância tranquila do seu andar. Todas se movem na ordem certa. Jamais vi uma centopeia tropeçar. Mas, por isso mesmo, tenho uma curiosidade: quando a senhora vai começar a andar, qual é a perna que a senhora mexe primeiro?" "Obrigada pelos elogios, senhor Gafanhoto", respondeu a Centopeia. "Sua pergunta é muito interessante porque eu mesma, até hoje, nunca pensei no assunto. Sempre andei sem pensar. Perdoe minha ignorância. Jamais fui à escola do andar certo. Não fui conscientizada. Andei sempre um andar ignorante. Mas agora vou prestar atenção..." Conta-se que, desde esse dia, a Centopeia ficou paralítica.

PEDAGOGIA DA INCONSCIENTIZAÇÃO

O meu querido Paulo Freire que me perdoe. Ando na direção contrária. Ele inaugurou a "pedagogia da conscientização". Eu sugiro a "pedagogia da inconscientização". Só sabemos, realmente, com o corpo, aquilo que a cabeça ignora. Eu não falo e escrevo por ter consciência das leis da gramática.

SIMPLES SABEDORIA

A privada estava entupida. Todos os recursos clássicos foram usados e fracassaram. Chamo o sr. João, amigo em primeiro lugar e pedreiro em segundo, e explico que é preciso arrancar o vaso sanitário, já que os recursos clássicos para o desentupimento fracassaram. Ele simplesmente ignorou minha ordem e disse: "*Desentope com extintor de incêndio, aquele que tem uma mangueira comprida*". Não entendi, mas obedeci. Fomos a uma casa especializada em extintores de incêndio, alugamos um de tromba longa. Enfiamos a tromba do extintor no buraco da privada, acolchoamos muito bem os espaços livres com saco, o sr.

João segurou a tromba e deu a ordem: "Dar uma biliscadinha mínima no gatilho. E a privada está desentupida... ."

ANATOMIA X EROTISMO

O professor ensina a anatomia do mundo. O educador ensina a erótica do mundo. O educador quer acordar a anatomia erótica do corpo: "o máximo de sabor possível". O objeto do educador é o corpo do aluno. Ele deseja produzir um corpo que saiba sentir prazer e alegria. "Os saberes – *que os professores ensinam* – nos dão meios para viver. Os sabores – *que os educadores ensinam* – nos dão razões para viver."

A EDUCAÇÃO, A FELICIDADE E O SONHO

A primeira tarefa do professor é acordar a inteligência, provocá-la para que ela pense. É preciso que os alunos – não importa que sejam crianças ou velhos – desenvolvam o fascínio pelos caminhos desconhecidos, a coragem para construir pontes sobre abismos, a paciência para desatar nós, a habilidade de resolver problemas, a ousadia de fabricar asas, a imaginação de preparar poções curativas. Que aprendam o domínio e a alegria das ferramentas: dos serrotes e martelos até as línguas e a ciência. Por meio delas, o mundo pode ser transformado e os seres podem ser mais felizes.

Os saberes são navios; não se constroem sem saberes e ciência. Mas os navios não são fins em si mesmos. Navios existem por causa das viagens. Antes que o navio fosse pensado e construído, houve o sonho de uma terra a que se chegar. O sonho de cruzar os mares precede a ciência de construir navios. A ciência existe por causa do sonho.

EDUCAÇÃO POBRE

Não existe coisa mais perigosa que poder sem sonho, dinheiro sem visão. Dinheiro sem visão desanda a fazer besteiras que, depois de feitas, viram elefantes coloridos que comem e defecam em excesso sem nada produzir. Desconfio muito dos que, ao falar da educação, falam logo na falta de verbas. A maior pobreza da educação não se encontra na escassez dos recursos econômicos. Ela se encontra na pobreza da imaginação.

A educação se divide em duas partes: educação das habilidades, educação da sensibilidade. Sem a educação da sensibilidade todas as habilidades são tolas e sem sentido.

Conhecer por conhecer, conhecer tudo o que há para ser conhecido: isso é um estilo suíno de aprender.

Há saberes na cabeça que paralisam os saberes inconscientes do corpo.

"Que espantosos pedagogos nós éramos, quando não nos preocupávamos com a pedagogia!" (Daniel Pennac)

Contou-me o jovem médico, residente de psiquiatria: "Me aguardava uma velhinha. Antes que eu dissesse qualquer coisa, ela tomou a iniciativa: 'Doutor, quero lhe fazer duas perguntas'. *'Pois não'*, eu disse. '*O senhor é dos médicos que dão rémedio ou só falam para curar?' Respondi: 'Sou dos que só falam para curar'. Ela continuou: 'Agora, a última pergunta: Essa conversa que cura, ela é aprendida na escola ou é de graça?'*". A velhinha sabia muito, sem saber. Há saberes que não se aprendem. Nascemos com eles, por graça dos deuses.

Não basta que o aluno conheça o mundo. É preciso que ele deguste o mundo. Não basta que o aluno tenha ciência. É preciso que tenha sapiência.

Sabe-se muito sobre regras de gramática e análise sintática. Mas onde está o prazer da leitura? Ler gastronomicamente, vagarosamente, por puro prazer, sem a obrigação brochante de ter de preencher um questionário de interpretação.

O educador é um mestre de *Kama Sutra*, manual de sabedoria erótica. São os prazeres e as alegrias que nos dão razões para viver. Brecht, sofrido, disse que o único objetivo da ciência era aliviar a miséria da existência humana. Mas isso não basta. Não basta aliviar a miséria. É necessário produzir a exuberância dos prazeres.

Os saberes são navios. Para se construir navios é preciso ciência. Os portugueses no século 16 construíam trinta caravelas por mês. Tinham ciência. Aprenderam a ciência da construção de caravelas porque eram fascinados pelo navegar. "Navegar é preciso; viver não é preciso..." Foi o sonho de navegar que gerou e pariu a ciência da construção de construir caravelas. A ciência é filha dos sonhos.

Caravelas não se fazem sem recursos econômicos. Mas recursos econômicos não fazem caravelas. Educação não se faz sem recursos econômicos. Mas recursos econômicos não fazem educação. É preciso o sonho. Recursos econômicos sem sonhos frequentemente dão à luz seres monstruosos...

SABORES

A SOPA DE NEW ORLEANS

Faz muitos anos que visitei New Orleans. Os amigos que me recebiam me disseram que eu não podia deixar de experimentar a famosíssima *Gumbo soup*, feita com quiabo. Fiquei curioso, pois sei que quiabo não é comida típica de cozinha americana. Aí fomos a um restaurante e pedimos a *gumbo soup*. E, *surprise*... Era igualzinha ao mineiro frango com quiabo, o frango tendo sido substituído por camarão. Porque lá, beira-mar, era mais fácil conseguir camarão que frango. Só faltou o angu... Chegando ao Brasil, tratei de fazer a *gumbo soup*, que ficou ótima.

A COZINHA

Sobre o fogo que ardia no fogão de cupim uma panela de ferro coberta com uma tampa de lata de óleo de 18 litros, com brasas em cima. (Você nunca ouviu falar de fogão de cupim? Explico. Arranca-se inteira uma daquelas casas de cupim de forma cônica que se vê pelos pastos; tira-se a terra do seu interior fazendo um oco; corta-se a ponta do cone fazendo um buraco, e é só pôr fogo dentro do vazio do cupim... O fogão está pronto.) Um "bolo de panela". É preciso dizer o que é "bolo de panela" para diferenciar dos outros, que são de forno. Bolo de panela é bolo de pobre que não tem forno. As brasas na lata são para assar o topo do bolo. De fubá, com pedacinhos de queijo-de-minas. A tecnologia não era perfeita. Um momento de distração, e as brasas queimavam a crosta. Mas esses pedaços queimados eram mais gostosos. A manteiga escorria no bolo quente. A Tofa cuidava do fogo, cuidava do café, cuidava do bolo de panela. Às vezes, em vez de bolo de panela, era pipoca. Podia ser que nos assentássemos à volta da mesa nos bancos compridos e se usasse o tempo para escolher feijão ou debulhar milho de pipoca para o dia seguinte. Nas noites de chuva, os pingos das goteiras tocavam música nas panelas espalhadas pelo chão. Meu pai gostava da música das goteiras. Ele dizia que elas o faziam dormir. Nas noites de julho, muito frio, a gente se assentava à volta de um tacho de cobre cheio de brasas e punha os pés nos pauzinhos dos tamboretes, pra quentar fogo. Apagava-se a luz e os rostos apareciam vermelhos sobre um fundo escuro. Os pintores flamengos gostavam desse jogo de vermelho e preto.

UMA ESTÓRIA DE AMOR

A esposa – ela amava tanto o marido! – fazia-lhe diariamente um mingau de fubá, alimento forte para manter as forças. Assim foi por toda a vida, numa fidelidade comovente, sem falhar um dia sequer: toda manhã, lá estava diante do marido o prato de mingau de fubá que ele comia até o fim. Até que o inesperado aconteceu. Já bem velha, ficou doente, não conseguia se levantar da cama. O que seria do seu pobre marido sem o mingau de fubá? Desolada, chamou-o para explicar que, infelizmente, naquele dia, ela não poderia fazer o mingau de fubá. O rosto dele se abriu num vasto sorriso. "Não se preocupe, meu bem. Pra dizer a verdade, eu nem gosto mesmo de mingau de fubá..."

CULINÁRIA

A culinária consta de duas partes. Primeira: fogo, fogões, panelas, caldeirões, azeite, óleo, água, conchas, colheres, facas, temperos, legumes, cereais, carnes, peixes, aves. Segunda: sopa, arroz com feijão, frango com quiabo e pimenta, moquecas, feijoadas, saladas, peixe na telha, assados, bifes, tomates recheados, aperitivos, sobremesas, bebidas. A primeira parte não dá prazer. São ferramentas, matérias-primas, utensílios, em si mesmos sem gosto. Não há culinária sem eles. Mas eles não fazem a culinária. São apenas meios para a produção do objeto de prazer. Utensílios sofisticados e importados não bastam para que a comida seja boa. É preciso que haja a ação de um feiticeiro – Babette era uma feiticeira (veja o filme *A festa de Babette*), Tita era uma feiticeira (veja o filme *Como água para chocolate*) – cozinheiro. Culinária é feitiçaria. A segunda parte resulta de um ritual mágico de transformações: o banquete. O objetivo do banquete é servir felicidade – prazer e alegria – sob a forma de comida. Quem compreende a culinária é sábio. Na culinária se encontra tudo o que é para ser sabido sobre a arte de viver.

Penso que Deus deve ter sido um artista brincalhão para inventar coisas tão incríveis para se comer. Penso mais: que ele foi gracioso. Deu-nos as coisas incompletas, cruas. Deixou-nos o prazer de inventar a culinária.

Nasci em Minas, e o meu corpo está cheio de memórias de infância. Entre os prazeres da cozinha mineira estava o frango com quiabo, que se comia com angu e pimenta. Receita: um frango, cortado em pedaços. Pode ser, também, só coxa, só peito – de acordo com o gosto. Um quilo de quiabo macio. Refogar o frango até dourar, em uma xícara de óleo ou azeite, com os temperos de gosto: alho, cebola, orégano. Cortar o quiabo em rodelinhas. Noutra panela, refogar muito bem o quiabo com caldo de limão, para tirar a baba. Se ainda restar baba, coá-la num escorredor de macarrão. Juntar o quiabo aos pedaços do frango, com dois tomates picados. Cozinhar tudo até o frango ficar macio. Alguns preferem o frango com o quiabo quase sopa, com bastante caldo, para ser tomado com colher. Com angu e pimenta. Ou arroz. De qualquer jeito é bom.

Das velhas cidades históricas de Minas Gerais, a que mais amo é Tiradentes. Frango com ora-pro-nobis, sopa de fubá com ora-pro-nobis. Foi em Tiradentes que encontrei o prato estrangeiro mais divertido. O dono do restaurante quis que o cardápio fosse em duas línguas – para dar um status internacional ao estabelecimento e lá escreveu na seção das carnes: "*against file*...".

Duas tristezas. A primeira é não ter fome quando a comida está servida na mesa. A segunda é ter fome quando não há comida na mesa. A vida acontece entre essas duas tristezas. O encontro entre fome e comida tem o nome de alegria.

Há um ditado que diz: "Primeiro comer, depois filosofar". Certo seria dizer: "Primeiro filosofar, depois comer". Dessa forma, a dignidade filosófica da arte culinária ficaria reconhecida e estabelecida.

O sabor vive no lugar onde a visão morre. Os olhos não veem o que está dentro da boca.

O gosto não tem porquês. É gostoso porque é gostoso.

COMER COM OS OLHOS

Os nenezinhos têm este estranho costume de botar na boca tudo o que veem, dizendo que tudo é gostoso, tudo é para ser comido, tudo é para ser colocado dentro do corpo. O que os olhos desejam, realmente, é comer tudo o que veem. Assim dizia Neruda, que confessava ser capaz de comer as montanhas e beber os mares.

A criança sempre horroriza o público. A criança ainda não aprendeu o papel, não usa máscaras, não participa da farsa, não representa. Seu rosto e seu eu são a mesma coisa. A qualquer momento, a verdade que não devia ser dita pode ser dita pela sua boca.

O COZINHEIRO

Lido com minhas palavras da mesma forma como o cozinheiro lida com a comida que prepara... Lições como festas gastronômicas...

O cozinheiro vive de palavras. O fogo está sempre aceso e as panelas estão sempre fervendo na sua imaginação. Seus olhos veem cores invisíveis, seu nariz sente cheiros ausentes, sua boca sente o gosto de gostos inexistentes. E o seu corpo é possuído pela comida que ele ainda não preparou. Sua imaginação é uma cozinha e um banquete. Ele vive no futuro, no prato que não existe. Ele é um ser escatológico. Só existe nas palavras – receitas...

A FOME E O DESEJO

Se fôssemos escrever um livro com o título: *Crítica da razão culinária* é certo que o primeiro capítulo seria dedicado à fome. Mas a fome, sozinha, não basta, a menos que o cozinheiro saiba os nomes dos nossos desejos.

Acreditamos
nos livros

Este livro foi composto em Garamond Premier Pro e impresso pela Gráfica Santa Marta para a Editora Planeta do Brasil em junho de 2025.

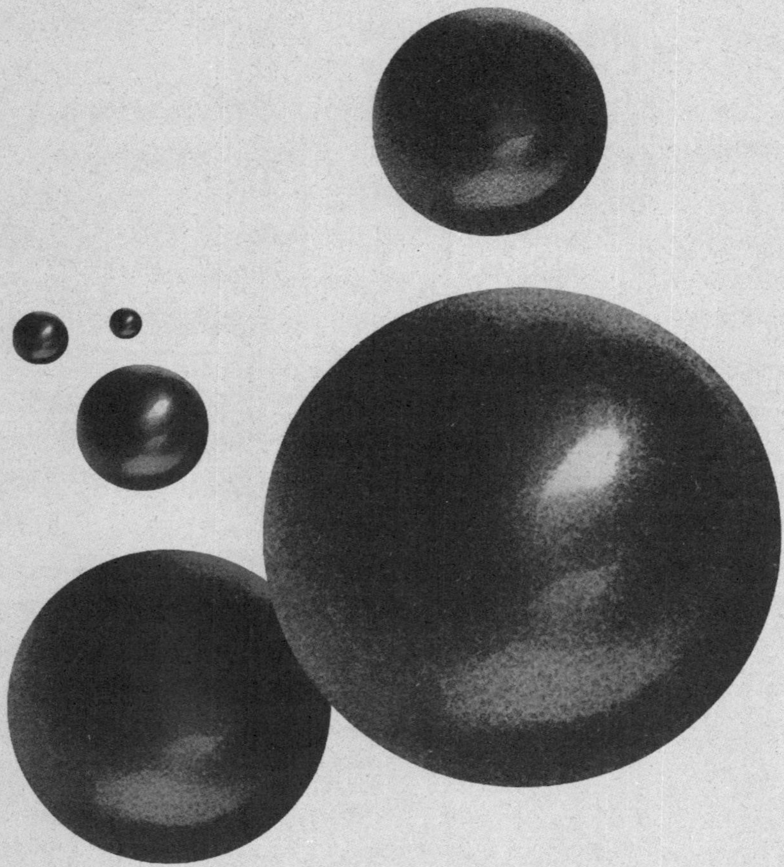